国語授業の改革14

授業で子どもに必ず身につけさせたい「国語の力」

教科内容・指導事項の再構築と「言語活動」を生かした楽しい授業

科学的「読み」の授業研究会 編

学文社

はじめに

二〇〇八年学習指導要領・国語では「言語の教育」としての立場を重視する方向が明示されています。「構成」「展開」「登場人物の相互関係」「比喩や反復」「評価」「批評」などが内容に位置づきます。解説・国語編にも「状況設定—発端—事件展開—山場—結末」等の構成例が示されています。系統性も強調されています。これらは、科学的「読み」の授業研究会（読み研）が提唱し研究・実践してきた要素と深く関わります。

とはいえ、指導要領にはまだ足りない部分も多くあります。系統性という点でも問題があります。たとえば「構成」が小学校「読むこと」分野にはなかったり、「登場人物の設定」が中3で初めて出たりしています。

一九〇〇年に「国語」という教科が日本で成立して以来、その教科内容は曖昧にされ続けてきました。今回の指導要領で一歩前進はしたものの、その百年以上のツケが精算されたわけではありません。

そこで、本号では、読み研のこれまでの成果を生かしながら、「読むこと」に関する具体的な国語科の「教科内容」の解明をしていきます。子どもに必ず身につけさせたい「国語の力」の解明です。

第Ⅰ章では、阿部昇が、国語科の教科内容がなぜ曖昧にされ続けてきたのかを歴史的に考察しつつ、教科内容解明のすじ道を提案しました。その上で物語・小説、説明的文章、古典など各ジャンルの教科内容を、教科書教材を引用しつつ提案しました。第Ⅱ章では、現在全国的に話題になっている「単元を貫く言語活動」と「学びの共同体」を取り上げ批判的に考察しました。第Ⅲ章では「言語活動」を生かした小学校の物語授業を取り上げました。第Ⅳ章では気鋭の研究者に国語科の「教科内容」について論じていただきました。

『国語授業の改革』には、その名のとおり国語の授業を改革するための切り口がたくさんあります。多くの先生方、研究者の方々に読んでいただき、ご意見・ご批判をいただきたいと思います。

二〇一四年八月

読み研代表　阿部　昇（秋田大学）

目次

Ⅴ　国語科の教科内容・指導事項を考えるための読書案内――私が薦めるこの一冊

Ⅵ　連載・教材研究のポイント［第一回］

【問題提起】

1　いまこそ授業で身につける「国語の力」の再構築が求められている
――権利保障としての国語の授業の創造

阿部　昇（秋田大学）

1　権利としての「国語の力」を保障してこなかった明治期から現在までの国語科

一九〇〇（明治三三）年に「国語」という教科が明確に定められて以来、現代までほぼ一貫して、国語の授業で子どもたちに身につけさせるべき「力」、つまり「国語の力」が軽視されてきた。[1] つまり教科内容軽視の国語である。とくにその中核となるべき「言語」の力を身につけさせるという観点が弱かった。

時代によっては確かに言語の教育という側面が強調された時期もあった。しかし、明治以降、言語の教育軽視の状況は長く続いてきた。そのため、国民が本来権利として身につけるべき「国語の力」を身につけられないでいるという状態が続いている。経済的・文化的に恵まれた一部の階層は別として、多くの階層ではあまりにも不十分なままの無権利状態が続いてきている。

その克服へのキーワードは「言語教育としての国語」である。二〇〇八年学習指導要領解説「国語編」でも中央教育審議会が答申した「言語の教育としての立場を一層重視」という内容をそのまま引用している。実際に学習指導要領「国語」にはその方向性が見えてきている。

本稿では、まず無権利状態が続いてきた原因を探っていく。その上で、子どもたちに身につけさせるべき「国語の力」の再構築について考えていく。「国語の力」についての追究なしに、権利保障としての国語の授業は成立しえない。

2 「道徳教育」としての国語が「言語教育としての国語」を侵害し続けてきた

明治期以来、「国語」という教科で「国語の力」が保障できてこなかったことについては複数の原因が考えられる。まずはじめに取り上げたいのは、日本の国語科が本来担うべきではない要素を担わせ続けられてきたことである。そのことが、国語の授業で言語の力を育てるという役割を軽視（または事実上放棄）してきた原因の一つとなっていると私は見ている。

一九〇〇（明治三三）年の「小学校令」とほぼ同時に文部省から出された「小學校令施行規則」には次のように書かれている。(2)

> 國語ハ普通ノ言語、日常須知ノ文字及文章ヲ知ラシメ正確ニ思想ヲ表彰スルノ能ヲ養ヒ兼テ智徳ヲ啓發スルヲ以テ要旨トス

「智徳ヲ啓發」の「智徳」とは「知恵と道徳」である。つまり、それを教え導く、啓蒙するということになる。「国語」に道徳的要素を明確に位置づけている。これが言語の教育の要素を弱くする大きな要因の一つとなった。

その後、たとえば一九四三（昭和一八）年の文部省「中學校教科教授及修練指導要目」中の「教授要旨」には次の記述がある。(3)

> 國民科國語ハ正確ナル國語ノ理會ト發表トノ能力ヲ養フと共ニ古典トシテ國文及漢文ヲ習得セシメ國民的思考感動ヲ通ジテ國民精神ヲ涵養シ我ガ國文化ノ創造發展ニ培フモノトス

「國民精神」の「涵養」が位置づく。「涵養」は「水がしみこむように少しずつ養い育てる」の意である。

戦後の一九四七年の「学習指導要領・国語科編」には言語の教育重視の要素が含まれるが、それでも「品性を高め、教養を身につける」といった「目標」も位置づいている。小学校の「読み方学習の教材」の一つとして「信仰心をやしない、ぎせい・責任の精神生活を表した物語」が示されている。一九五八年の「小学校学習指導要領」「国語」には「話題や題材の編成にあたって」の「注意」の中に「道徳性を高め」が含まれている。

道徳的要素を重視すれば、言語を構造的・分析的に読んだりするよりは、どうしてもその教材の内容に共感したり感動したりという学習への比重が重くなる。また共感・感動に関わる内容の文章を書いたりすることが求められるようになる。その意味で「国語科」は「日本語科」でも「言語科」でもなかったのである。

文学作品には、人間の生き方や社会と人間の関係などが描かれている。だから、文学作品の授業で道徳的要素が取り上げられることは自然といえる。それが恣意的でアナーキーなものでなければ、その要素を否定する必要はない。何より作品への一定の共感や感動や興味がなければ作品を読むことの喜びは学べない。しかし、道徳的側面を重視することで、言語の教育という側面が後退していくことが問題なのである。

そのため、作品そのものを構造的に読ませたり分析的に読ませることなしに、子どもたちに「共感」させ「主題」をありがたく押し頂かせる。そして「とても感動しました」「涙が出てきました」「私もこういう生き方がしたいです」「こんな悲劇が生まれないようにしたいです」などと、予定調和的な「感想」を出すことを歓迎していくような授業が増える。国語の授業は、何よりも言語の力をつけることに指導の中心があるべきであり、共感・感動とそれに関わる道徳的要素が含まれるとしてもそれらを中心にすべきではない。道徳的な要素は言語の力をつけていく中で結果として生まれてくるものであり、国語科が主要に担うべきものではない。

その後、一九七七年以降の学習指導要領「国語」には「道徳」という言葉はなくなるが、二〇〇八年の「学習指導要領」「国語」から小中ともに、「道徳教育」「道徳の時間」との「関連を考慮」すべきという記述が加わる。

3　文学を分析することへの忌避感も「言語教育としての国語」軽視の原因の一つとなってきた

「言語」の力をつけようとする際には、対象となる教材を、さまざまな方法を使いながら分析的・構造的に読み解いていく必要がある。それによって言語としての仕掛けや技法、面白さが見えてくる。子どもたちは、その中で「読むための方法」を学び「国語の力」を身につけていく。これは、書く力や聞く力、話す力でも同様である。

しかし、文学作品について、分析的に読むことに関する強い忌避感が広く残っている。「著名な作家が書いた〈神聖な〉作品を分析しながら読むなど不謹慎だ」「有名作家が書いた名作を子どもが批評するなどとんでもない」といった見方が根強く先生方や研究者の中に残る。

これは日本だけのことではなく、たとえばフランスでもそういう傾向はあるらしい。ピエール・ブルデューは「科学的分析が、美的快楽をはじめとして、文学作品や読書行為の特殊性をなすものをどうしても破壊してしまうというのは、いったい本当なのか？」と問いかける。「いったいなぜ、あれほど多くの批評家、作家、哲学者たちが、芸術作品の経験は曰く言いがたいものであり、それは定義からして理性による認識を逃れるものであると、あんなにも迎合的に言明するのか？」とも述べ、一定の理性的方法によって分析的に文学作品を読むことの大切さを強調している。「多くの批評家、作家、哲学者たち」は、日本の教師、国語科教育関係の研究者に言い換えることができる。さらにブルデューは学校教育の中でそういう分析忌避の姿勢が「際限なく再生産されて、〈学校〉によって形成されていくすべての人々の精神に深く刻み込まれている」とも述べる。[4] 日本でも時枝誠記[5]や西郷信綱[6]も同様のことを述べている。

いまだに「構成とか構造とか言うから物語が面白くなくなる」「クライマックスがどこかを限定し得たところで、作品への感動は生まれない」「比喩とか倒置などとうるさいことを言うから作品がつまらなくなる」「ただ素直に作品を向き合わせればどの子どもも自然と深く読めるようになる」などという分析忌避の状況が蔓延している。

作品をただ「分解」するような分析はかえって作品の面白さや仕掛けを読み味わうことを損ねる。しかし、作品の構成・構造、形象上の仕掛け・技法などにこだわりながら分析的に作品を読むことで、読みは確実に深くなる。何より読むことが楽しくなる。批評もただ感想を一般的に書くのでは恣意的になる危険がある。構造や形象・仕掛け・技法にこだわった吟味・批評は、作品の味わいを確実に深くする。そして、その過程で子どもたちは「読むための方法」を学び「国語の力」をつけていく。

4 説明的文章の指導にも「道徳教育」としての国語は影響を与えた

「道徳教育」としての国語という問題は、とくに文学作品に大きな影響を与えてきたが、説明的文章分野でもその影響があったと見ることができる。その結果、説明的文章分野でも子どもの言語の力は十分に育っていない。

少し前の国語教科書の説明的文章教材の末尾には、唐突に道徳的な教訓じみた記述が付け加えられていることが多かった。「はっきりしているのは、人間が、自分も動物の一種であることをしっかり自覚し、環境を守り続けようと決意するかどうかにかかっている」「森林を育てる仕事のすばらしさ、尊さを考えなければならない」「わたしたちが、言葉の新しい歴史を作っているようなものだ。だから、一人一人言葉の使い方に注意して、大切に育てていかなければならないのだ。」などである。

これらは、仮説や主張を述べる論説文ではない。既に解明されている定説や事柄を説明した文章である。にもかかわらず最後に極めて道徳的・教訓的「主張」が無理矢理付け加えられる。いずれも二十年くらい前の教材で最近ではこういった説明的文章教材は減ってきてはいる。しかし、長くこういった説明的文章教材が普通に使われ「筆者の一番いいたいことはそこにある」などという無理矢理の指導が普通にされていた。その分、文章の構成や論理関係、思考法、語彙の関係性などが丁寧に指導されることは少なかった。それらの文章を吟味したり評価したり批判したりという指導も極めて少なかった。

説明的文章指導では「内容主義」と「形式主義」の限界が指摘されてきたが、「道徳教育」的要素はとくに「内容主義」を醸成してきた。それも著名な筆者の文章の内容を「道徳的」「真摯」さをもって押し頂くという「内容主義」となってきた。

5　明治期以降の国策と「言語の力」の欠落

最後に明治期以降の国策と「国語」の関係について考えたい。明治期以降に殖産興業という国策の中で一定の共通語が必要となる。近代的な軍隊整備という国策にとっても共通語は必要であった。言葉が通じなければ命令も報告も届かず、軍隊として機能しない。殖産興業についても似た状況がある。結果として学校教育の中で「国語」が重視され、「標準語」という共通語についての最低限の読む・書く・話す・聞く力が全国規模で養成された。明治以降識字率が日本でかなりのレベルを維持してきたのはそういう事情による。それは、そうでない状況よりはより良かったと評価することはできるかもしれない。

しかし、それは殖産興業、近代的軍隊成立にとって必要な最低限の言語の力でよかった。一人一人の国民が自らの可能性を最大に発達させ、市民として国民として主権者として効果的に社会に参加するために必要な言語の力を身につけさせていくということではない。

漢字や文法や語句・語彙などに関わる力はもちろん必要だが、それと同時にたとえば説明的文章やメディアをその構造や論理に着目しながら理解できる力、それに基づいてその仕組みを見抜く力、それらを批判的に評価できる力、またその評価を説得力をもって表現できる力などをすべての国民に身につけさせるという発想はなかった。文学作品についても構造や技法や仕掛けを理解する力、それに基づいてそれらを批評的に評価できる力などを国民に身につけさせるという発想もなかった。

それどころか、戦前・戦中とそういった「国語」の可能性は強く否定されてきた。生活綴方運動があれほどまでに弾圧されたのは、それに関わっている教師たちの多くが進歩的な運動に関わっていたという理由からだけではない。生活綴方という教育方法が、社会の矛盾や権力構造の残虐性を、見事に顕在化させ意識化させてしまうという要素を含んでいたからである。今から見ると教育方法としての弱点は含まれていたものの、結果として批判的評価力に近い国語の力が育てられていた。綴っているときの子どもたち一人一人が必ずしもそこまでを意識していたわけではない。しかし、読む人が読めば、そこから看過できない社会構造の矛盾が見えてくる。社会や政治・経済についての素養がある読み手であれば、権力構造の残虐性も読み取ってしまう。力のある教師が子どもの綴方作品を、子ども相互で評価させたり読み深めさせたりしていけば、やがては子どもたちもそれに少しずつ気づいていく可能性もある。

逆にいえば戦前から戦中にかけて、それだけ質の高い国語科教育が、そこでは行われていたということでもある。ただし、生活綴方に関わった研究者の数の少なさや弾圧の厳しさもあり、その方法論や教科内容論が理論的に整理されないままに潰されていった。

戦後、生活綴方は日本作文の会として再生していく。ただし、研究者の数は増えたもののその方法論、教科内容論などについての理論的解明はまだ不十分であると私は見ている。なお生活綴方は同じく戦後、宮坂哲文、竹内常一、大西忠治などによって展開される生活指導運動にもつながる。

6「読むこと」に関する「国語の力」＝教科内容の解明の枠組みについて

これまで科学的「読み」の授業研究会（読み研）が研究集団として創り出してきた成果、そして阿部自身が検討してきた成果に基づく「読むこと」分野に関わる「国語の力」＝教科内容の大枠をここに提案する。それらは深く「書くこと」分野と関わる。「話すこと」「聞くこと」分野とも関わる。

文学作品―物語・小説に関する「国語の力」＝教科内容について、私は三つのカテゴリーを設定する。

①　構成・構造に関する国語の力
②　形象・技法に関する国語の力
③　吟味・評価に関する国語の力

これらは、指導過程としての三つと対応している。「1構造よみ」「2形象よみ」「3吟味よみ」である。実際には指導過程での学習に関わって、子どもたちにそれぞれに対応する「読むための方法」を学ばせ、習熟させていく。それらが子どもの「国語の力」となる。

説明的文章に関する「国語の力」＝教科内容について、私は三つのカテゴリーを設定する。(7)

①　構成・構造に関する国語の力
②　論理・語彙に関する国語の力
③　吟味・批判に関する国語の力

これらは、指導過程としての三つと対応している。「1構造よみ」「2論理よみ」「3吟味よみ」である。実際には指導過程での学習に関わって、子どもにそれぞれに対応する「読むための方法」を学ばせ、習熟させていく。それらが子どもたちの「国語の力」となる。

たとえば右記の中の物語・小説の「形象・技法に関する国語の力」は、さらに大きく二つの要素に分類できる。

a　鍵となる語や文に着目し取り出す力（方法）
b　取り出した鍵となる語や文を技法や仕掛けなどに留意しながら読み深める力（方法）

「a」について、導入部では「人物・時・場・先行事件」などが書かれている部分を中心に取り出す。事件が動く「展開部」「山場」では大きく事件が変化を見せる

「事件の発展」や「新しい人物像」が書かれている部分を中心に取り出す。

ただし、該当箇所が多い場合には、構造を振り返り、事件展開やクライマックスを再確認しながら、より重要な語や文に絞り込み取り出していく。

その上で、「b」の取り出した鍵の語や文について、技法への注目を含めさまざまな方法で読み深めていく。ここでは、その読み深めについて述べたい。

7　物語・小説の読み深めに関する「直喩」と「隠喩」について考える―「国語の力」の再構築のために

「国語の力」の再構築に関して、本稿では物語・小説を例に考えていきたい。形象を読み深めていくという基本的な方法についてさえ、国語科教育の世界では十分な解明が行われてこなかった。たとえば比喩表現が使われていた場合の読み深め方は曖昧である。隠喩表現と直喩表現では、読み深め方はどう違うのか。反復法に関わる読み深め方にはどのようなものがあるのか。体言止めが使われていた場合の読み深め方にはどういうものがあるのか。――などについての解明は十分には行われていない。多くは「強調している」程度の指摘で終わっている。

形象の読み深めに関するさまざまな方法の解明を急ぐべきである。それらを子どもに学ばせ習熟させることで、子どもの「国語の力」は確実に高まっていく。

ここでは、物語・小説の形象よみの読み深めの方法の一つの例として「直喩法」と「隠喩法」について考えてみる。これまでの国語科では「直喩は『～のように』などたとえであることがはっきりわかる比喩」「隠喩は『～のように』などがなく、内容を読んでたとえとわかる比喩」などと指導され、その「区別」自体が到達点であった。

しかし、それらを「区別」できるだけでは、読むことを深めることはできない。ここでは、「直喩」と「隠喩」と比べながら、「直喩」と「隠喩」のもっている表現としての効果・意味、認識構造としての特徴、そしてそれらの差違から導き出される読み深めの方法について考えていきたい。それによってこれまで曖昧なまま放置されてきた「国語の力」の解明の切り口を示したい。

直喩、隠喩ともに、あるもので他のものをたとえるという役割がある。そこには対象になるものが本来もつ形象性と、喩えているものがもつ形象性が重なるという効果つまり二重性の効果がある。それにより新しい見方、意味を読者に提示する。対象の形象性がより豊かに膨らんだり、対象の形象性が変更されていくこともある。場合によっては、対象の形象性以上に喩えているものの形象性の方が目立ち前面に出ることもある。

　考えてみれば、直喩のように「のような」を使い比喩ですよ、とあからさまに示すより、比喩らしさを隠しておいて読者に気づかせる隠喩の方がスマートでより文学的であると言えるかもしれない。「のような」などを使う直喩は文学らしくないということにもなりそうである。しかし、実際には文学で直喩は多く使われる。直喩の特徴、隠喩との差違はどこにあるのか。

　佐藤信夫は次のように述べる。

> 直喩は、「……のやうに」という結合表現によって、非常識的な類似性を読者に強制していることになる。（中略）類似性にもとづいて直喩が成立するのではなく、逆に、《直喩によって類似性が成立する》のだと、言いかえてみたい。

　そして、「類似性よりはむしろ意外性によって効果を発揮」しているという。「のような」などの明示的な表現を伴うことで、読者をとまどわせる意外な見方を提示するのである。佐藤は、「雪国」（川端康成）中の「駒子の唇は美しい蛭のやうに滑らかであった。」を例に挙げている。確かに女性の唇と人の血を吸う嫌われものの蛭とは「意外」な取り合わせであり「非常識」といえる。(8)

たとえば「海をかっとばせ」の「はまべに打ち上げられたただの流木が、クビナガリュウみたいにねそべっていた。」も「意外」な取り合わせである。流木とクビナガリュウという巨大な恐竜はとても似ているとは言い難い。「クビナガリュウ」は、十メートルにも達する巨大な肉食の恐竜である。文字どおり恐ろしい気味の悪い存在である。主人公のワタルが初めて海岸で野球の素振りの練習をする場面での情景描写だが、ワタルの不安とその表現とが重なっている。「星の花の降るころに」の「運動部のみんなはサバンナの動物みたいで、入れ替わり立ち替わり水を飲みにやってくる。」も「意外」な重なりである。しかし、同時にそう言われてみればそう見えないこともないと思わせる面もある。サバンナはアフリカなどの熱帯地方の草原であるし、そこにいるライオンやキリンなどは、日本の中学生とは何の共通性もない。しかし、部活で汗をかいて水分を補給に来る姿、（水飲み場はいくつもないから）サバンナの動物たちがオアシスに集まるように一か所に集まってくる。それも強い喉の渇きと自分の体の安全を保つためにかなり必死で水を飲むという点では類似性もある。同作品中に「かたむいた陽が葉っぱの間からちらちらと差し、半円球の宙《そら》にまたたく星みたいに光っていた。」という一文があるが、夕方とはいえ、太陽の日差しを夜の星と重ねるのも、「意外」な類似性といえる。（以上、傍線阿部）

「非常識的」「意外」だから隠喩にすると、読者が混乱する危険がある。だから、あえて「みたいに」を入れる。ただし、「そう言われてみれば確かにそうかもしれない」と思わせる要素があるために、読者は納得する。

佐藤は次のようにも述べる。(9)

> 隠喩は、直喩に比べて誤解の可能性が高い。（中略）結論をみちびき出す仕事が読者にゆだねられていて、隠喩の読者は、いわば解放を見つけるゲームによって遊び、みずから発見した解答にささやかな驚きを感じる。（中略）ところが、直喩の場合は、回答はすでに書き手によって用意されているから、読み手は、その意外性に驚くことはあっても、みずから、誤解の危険をおかしつつ解読ゲームに参加することはない。

隠喩は、読者に「解読」のための能力と知識を期待している。それに対し直喩は、それを期待しない。小学校国語教科書の物語・小説教材を見てみると、確かに比較的に直喩が多い。隠喩は転化表現に近いくらい日常化しているものか、前後の関係から一見してすぐに比喩であることがわかる場合に限られている。

とくにファンタジー作品の場合は、もともと現実を超越した設定であるから直喩のように比喩であることを明示しておかないと、（現実を描く形の作品では隠喩でよい場合でも）直喩が必要となる場合もある。「スイミー」の次の部分も大部分が直喩である。

にじ色のゼリーのようなくらげ。
水中ブルドーザーみたいないせえび。
見たこともない魚たち。見えない糸でひっぱられている。
ドロップみたいな岩から生えている、こんぶやわかめの林。
うなぎ。顔を見るころには、しっぽをわすれているほど長い。
そして、風にゆれるもも色のやしの木みたいないそぎんちゃく。

これらが、もし「にじ色のゼリーのくらげ。」「水中ブルドーザーのいせえび。」「ドロップの岩が生えている。」など隠喩だと誤解が生じる危険がある。魚が人物として活躍する物語だから、意外な情景が設定されることもありうる。隠喩だけだと本当にくらげがゼリーで出来ているなどという誤解を生む可能性がある。「青い鳥」（M・メーテルリンク）ではお菓子で家が出来ている。

中学校教材になると隠喩が増える。「少年の日の思い出」には、「窓全体が不透明な青い夜の色に閉ざされてしまった。」「すると。私たちの顔は、快い薄暗がりの中に沈んだ。」「四つの大きな不思議な斑点が、挿絵のよりはずっと美しく、ずっとすばらしく、僕を見つめた。」などである。「走れメロス」なども同様である。

このことを逆に積極的に生かせば、直喩を使うことで子供っぽさを出すという効果を生み出すこともできる。「スイミー」の直喩も、誤解を防ぐ効果と同時に子供らしい物語世界を感じさせる効果も読めそうである。

また、佐藤は、次のようにも述べる(10)。

直喩が相手に対して説明的に新しい認識の共有化を求めるのとは逆に、隠喩は相手に対してあらかじめ共通化した直感を期待する。それゆえ、典型的なかたちとしては、直喩は知性的なあやであり、隠喩は感性的なあやであると言うことができる。

直喩は「知性的」ともいえるが「説明的」ともいえる。同時に直喩は、隠喩に比べて断定を避ける婉曲な印象を残す効果もある。佐藤の考察に阿部の考察を加えて直喩の隠喩との差違をまとめると次のようになる。

① 直喩は、隠喩以上に意外で異質で非常識な見方を示しつつ、読者に納得させる効果をもつことがある。

②　隠喩は喩えているものの世界に強く連れて行く力をもつが、直喩は説明的であるためその（連れて行く）力を弱くし、相対的に現実感を残すことがある。
③　隠喩は「喩えよう」とする語り手の存在を強く感じさせない傾向があるが、直喩は語り手の存在をより強く感じさせる傾向にある。
④　直喩は、隠喩に比べ「ような」などを使うことで断定的に表現することを避ける効果、つまり婉曲の効果をもつことがある。（「不確実な断定」の意味で使われる「ようだ」の機能と一部重なる。）
⑤　右記③④とも関わり、直喩は「私」「自分」がそう感じた、そう思ったというニュアンスが前面に出る場合がある。「それは私の見方」ということわりの印象が隠喩より前面に出やすい。

右の②～⑤の効果について佐藤はとくに指摘していないが、これらは物語・小説でも詩でもいえることである。次の三好達治の詩「土」には直喩が使われている（次のAがオリジナル、Bは阿部が直喩を隠喩に改編したもの）。「ヨットのやうだ」は右の②③ともにあてはまる。

西郷竹彦は、この詩について「〈ヨットのようだ〉という比喩によって、ありふれた〈土〉の世界が、いっぺんにひろびろとした青海原の世界に変身します。（中略）蝶の『死』が一転して、風をはらんで海原を走るヨットの『生』になるのです。」と述べている(11)。

A
　　　土
蟻が
蝶の羽をひいて行く
ああ
ヨットのやうだ

B
　　　土
蟻が
蝶の羽をひいて行く
ヨット
湘南のヨット

しかし、本当に「変身」させ「生」にもっていくのであれば、たとえばBのような隠喩の方が「変身」や「生」には適している。オリジナルは、変身とは逆に、直喩「ヨットのようだ」が（虚構としての）現実の世界に読者を引き止める役割を果たしている。「ヨット」はあくまでも喩えですよ、とわざわざ明示しているかのようである。現実に目の前で死んだ蝶を巣まで運ぼうとしている蟻がいる。それを、かなり低い視線から見ている語り手がいる。「ヨットのやうだ」という言い方は、実際に日常の会話でも出てくるフレーズである。「ああ」も、語り手の生の声であり語り手の声も姿も見えてくるようである。日常の延長といった形象性が読める。「ああ」という下手をすると詩を野暮ったくする危険のある言葉をあえて使って、語り手の存在や日常性を前面に出している。「土」という題名も、それを強めている。土の上で実際にいま起こっている出来事という形象性を生んでいる。

だから、ここでは飛躍とは逆に、現実の一コマを切り取り、人間にとっては「ヨットのやうだ」程度の日常だが、虫たちにとっては「食う・食われる」という厳しい現実がそこにあることを示す効果がある。

物語・小説の場合は、語り手が前面に姿や見方を打ち出す場合にこういう直喩が使われる。「故郷」に「私は知っている。海辺で耕作する者は、一日中潮風に吹かれるせいで、よくこうなる。（中略）その手も、私の記憶にある血色のいい、丸々した手ではなく、太い、節くれだった、しかも割れた、松の幹のような手である。」がある。ここは「松の幹である。」という隠喩でも意味は通じる。しかし「松の幹のような手である。」とした方が、その場で幼なじみの変わり果てた姿を見て「松の幹」と喩えている「私」の心の動きや姿がより鮮明になる。「松の幹である。」だと、その描写そのもののインパクトが強すぎて相対的に語り手である「私」がより後景に下がる。それは「首を振りどおしである。顔にはたくさんのしわが畳まれているが、まるで石像のように、そのしわは少しも動かなかった。」からも読める。ここも「顔にはたくさんのしわが畳まれているが、しわは少しも動かずに、それは石像であった。」という隠喩でも成り立つが、直喩にすることでルントウをそう見ている語り手の「私」の心や姿がより見えてくる。

これらは「比喩を読む方法」である。これらを、学年の発達段階に合わせて少しずつ学ばせ習熟させ「国語の力」としていく。「倒置法」「体言止め」「声喩」などさまざまな技法についても「方法」を解明していく必要がある。

読み研として作品構造、形象の取り出しなどについては、かなり先進的な提案をし続けてきたが、右のような取り出した語や文に含まれる技法や仕掛けに関する「国語の力」についての解明はまだ不十分である。説明的文章に関わる「国語の力」の解明にもまだ遺されている部分が多い。それらの解明を急ぐべきである。

8　二〇〇八年学習指導要領をどう見るか

二〇〇八年学習指導要領「国語」の「道徳」の記述について指摘したが、それとは別にこの学習指導要領「国語」では「言語の教育」としての国語という方向性がより明確に打ち出されている。「評価」「批評」など判断力に関わる重要な要素も示されている。その点でこの学習指導要領にはこれまでにない新しさがある。しかし、まだ教科内容としての欠落部分は多い。系統性という点でも課題が多い。

いずれにしても、時代は「言語教育としての国語」という方向に進み始めている。本来あるべき国語科の方向である。この機会に、「国語の力」＝教科内容の具体の解明を急ぐ必要がある。

注

（1）文部省「小學校令改正」（一九〇〇年）中の「教科及び編制」に「高等小学校ノ教科目」として「國語」が示される。
（2）文部省「小學校令施行規則」、一九〇〇年
（3）文部省「中學校教科教授及修練指導要目」、一九四三年
（4）ピエール・ブルデュー（石井洋二郎訳）『芸術の規則Ⅰ』一九九五年、藤原書店、一〇～一二頁（Pierre Bourdieu, *Les Règles de l'art: genèse et structure du champ littéraire*, 1992.）
（5）時枝誠記「国語教育に於ける古典教材の意義について」『国文学』一九四八年、至文堂
（6）西郷信綱他『日本文学の古典』一九六六年、岩波書店
（7）物語・小説、説明的文章、いずれの指導過程・教科内容についても、読み研編『国語授業の改革』1～13号及び読み研『研究紀要』1～15号、阿部昇『文章吟味力を鍛える』（二〇〇三年、明治図書）等を参照いただきたい。なお、物語・小説に関わる阿部昇の単著も今年中に出版予定である。
（8）以上、佐藤信夫『レトリック感覚』一九七八年、講談社、六三～六九頁
（9）前掲書（8）、八七～八八頁
（10）前掲書（8）、九三～九四頁
（11）西郷竹彦編著『子どもと心を見つめる詩』一九九六年、黎明書房、三五頁、引用部分は西郷による詩の解説である。

【物語・小説の教科内容の再構築】

2　物語・小説の構成・構造についての「国語の力」を解明する

――「形」（菊池寛）を使って

町田雅弘（茨城県・茗溪学園中学校高等学校）

物語・小説に限らず、文章を読む場合、構成・構造という観点を意識しながら読み進める「森を眺めるような」読みとりの方法と、一つ一つの細部の言葉に注目しながら読み進める「一本一本の木に注目するような」読みとりの方法がある。もちろん、そのどちらの読みとり方法の方がより優れていると言えるようなものではなく、一つの作品を把握するためには、車の両輪のように二つの読みとりを行う必要がある。

「物語・小説の構成・構造」の読みとりを行わなくても、一語一文に着目をして丁寧に読み進めれば、きっとある程度の内容の把握はできる。しかし、「構成・構造」を意識し文章を読み進めることによって、作品のさまざまな仕掛けや隠された面白さがよりくっきりと見えてくる。

本稿では、「構成・構造」を読みとる方法について、その効果とともに述べていく。その方法こそが「教科内容」である。ここでは、中学校2年生の小説「形」を使う。「構成・構造」の読みとりの中でも、特に重要な「クライマックス」への着目に絞って考察していく。

1　物語・小説の「典型構造」と「発端」

読み研では、物語・小説の「構成・構造」の読みとりの過程を「構造よみ」と呼び、文章読解の第一段階においている。小説の典型的な作品構造（構造表）を指標として提示し、その作品がどのような構造で描かれているのかを考える。典型的な構造には、いくつか

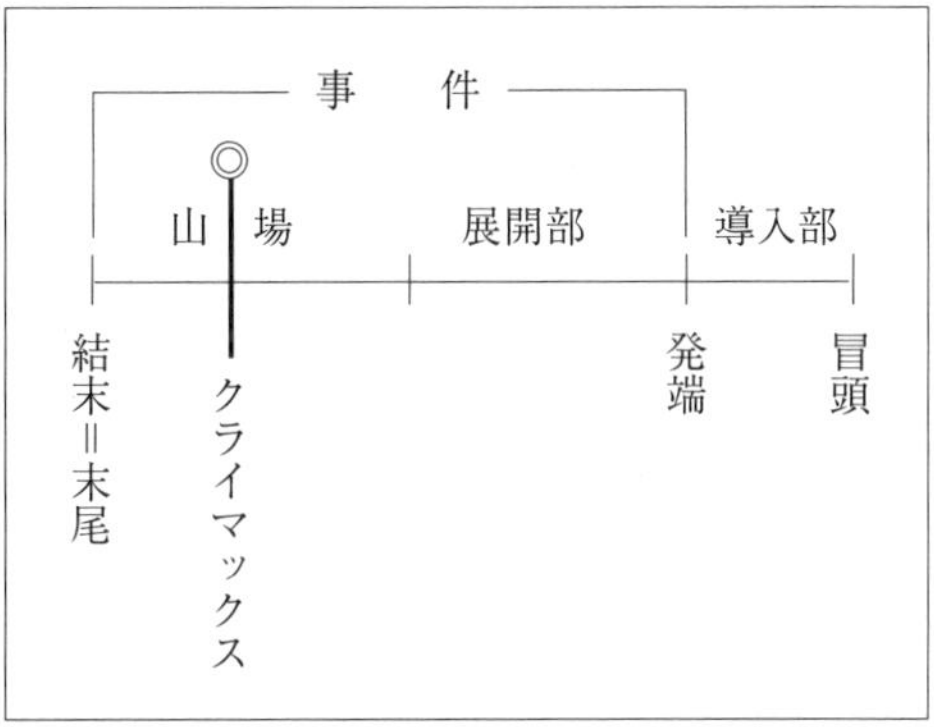

の類型があるが、この作品は上図のような三部構成である。

　こういった物語・小説の典型構成そのものが既に教科内容である。これを知っておくことで、似た構造の小説を読む際に、子どもたちはそれを思い出しながらより楽しく作品を読むことができる。

　クライマックスに着目する前に、導入部が終わり「事件」が始まる部分である「発端」に着目する必要がある。「形」では、「『新兵衛殿、折り入ってお願いがある。』と元服してからまだ間もないらしい美男の侍は、新兵衛の前に手をついた。」が発端である。その前の導入部では「火のような猩々緋の服折を着て、唐冠纓金のかぶとをかぶった彼の姿は、敵味方の間に輝くばかりの鮮やかさをもっていた。」とか「こうして鎗中村の猩々緋と唐冠のかぶとは、戦場の華であり敵に対する脅威であり味方にとっては信頼の的であった。」など、新兵衛の人物紹介、その服折・かぶとの鮮やかさなどが繰り返し説明されている。

　発端には、おおよそ次のような傾向がある。

①その作品の主要な事件が始まる。
②主要人物どうしが出会う。
③日常的な状況の中で非日常的な出来事が起きる。
④説明的な書かれ方から描写的な書かれ方になる。

　これらも、大切な教科内容である。「②」の主要な人物どうしが出会うは、「ごんぎつね」でも「走れメロス」でも同じである。「③」の非日常も、もともと物語・小説は非日常だから面白いのである。「④」は、小説における「説明」的な書き方と「描写」的な書き方という重要な内容を含んでいる。長い間のことを短くまとめて書いた場合を「説明」、ある日ある時の様子を生き生きと書いた場合を「描写」という。この見分けは小説では大切である。「形」だと「輝くばかりの鮮やかさをもっていた。」や「こうして～信頼の的であった。」などは長い間のことを短くまとめた「説明」である。発端からは「新兵衛殿、折り入ってお願いがある。」と若い侍が話す「描写」、つまりある日ある時のことになる。

2 物語・小説の「クライマックス」

事件の中で最も盛り上がるところを、「クライマックス」という。（クライマックスに向かって盛り上がり始めるところが「山場の始まり」である。）

クライマックスには、次のような傾向がある。

① 事件が一番大きく変わる転換点であったり、そこで事件が決定的な局面を迎える。 ② 盛り上がる部分だから、緊張感があったり印象が特に強かったりする。 ③ ①②の要素をもつため「描写」の中でも特にそれが強い。

クライマックスに着目することで、作品がよりよく読めるようになる。その利点を次に述べていく。

(1) 作品テーマが仮説として浮かび上がってくる

クライマックスは、「ハッピーエンド」になるのか、または「悲劇」になるのかが決定する大きな転換点または決定点となる。今まで作品のあちこちに張り巡らした伏線が、この箇所で意味をもってくる。つまり、作者はこの一文を描くために、今まで周到に用意してきたといってよい。この箇所に作品の「テーマ」が盛り込まれている可能性は高い。

よって、この一文で何が「逆転」「変化」したか、何が「決定」的となったかを考えていくと、作品のテーマらしきものが浮かび上がってくる。この後、「構造よみ」の次の「形象よみ」で、その仮説について、一語一文まで考慮して確かにテーマであることを確定していくことになる。

(2) 次の指導段階「形象よみ」で、作品のどの部分に特に注視しながら読めばよいか、またそこから何を読み取ればよいかがよりわかる

小説の基本構造は、右に述べたとおり「導入部」「展開部」「山場」などである。「導入部」と「展開部」

「山場」では、書かれていることと書かれ方に違いがある。「導入部」は人物などを説明し、「展開部」「山場」は事件展開を描写する。

それぞれの部分に特徴があり、その特徴にあった読み取り方が必要となる。あらかじめ構造、特にクライマックスを把握しておけば、それぞれの場所の重要な箇所が自然と見えてくる。また、その部分を深く読み込む際にも読みが豊かになる。

例えば、作品設定について説明している導入部では、重要な設定となる「時・場・人物」、それから事件が始まっていくための設定となる「事件設定」を読みとる。「時」からは、何時代の話なのか。昔か現代か。季節はいつか。特別な日か、何でもない一日か。……そのような内容を読みとっていく。「場」からは、日本なのか、海外なのか。温かい場所か、凍える場所なのか。学校か、会社か、職場か。……こんな内容を読み取っていく。「人物」からは、年齢・性別・職業・役職といった一般的なことから、身長・体重・顔つきといった見た目から判断できそうなこと、性格・思想といった内面に関わることなどを読みとっていく（これらは、「形象よみ」で有効な方法であり、その意味で教科内容といえる）。

ただし、いずれについても導入部の中で特に重要な「人物」設定が読める部分を抽出するのだが、その際にクライマックスを意識しておくと、より抽出がしやすくなる。

事件が始まる展開部・山場では、事件そのもの（事件の発展）や、人物像の変化（人物の新しい性格）などを読みとっていく。その際も、とくに重要な「事件の発展」などを読める部分を抽出するのだが、その際にクライマックスを意識しておくと、より抽出しやすい。作品によってはどの部分も「事件の発展」のように見えてしまうが、クライマックスを意識すると、特に重要な伏線となる「事件の発展」に絞り込める。

そして、導入部、展開部・山場で抽出した部分を読み深めていくのだが、その際にもクライマックスを意識することが大切となる。

(3) 子ども自身が自分の力で抽出したり読み深めたりできる

小説の基本構造を学び、発端やクライマックスを学ぶことで、まずは子ども自身が自分の力でその作品の構造を読めるようになってくる。

そして、特にクライマックスでは、右の(1)(2)で述べたように、子どもたちが自分の力で、重要箇所を抽出できるようになる。読みの方法が身についていけば、その方法を駆使して「授業では扱わない別の作品」にも応用していくことができる。子どもは教師がいなくても、また授業で扱わなくても自分一人でどんどん分析をしていくことが可能となる。

そして、抽出した部分を読み深める際にも、クライマックスを手がかりに自分たち自身の力で進めていける。読みとりの根拠の説明もよりよくできるようになる。根拠を示しながらの発言であれば、仮に意見が食い違った場合でも討論が生まれ、相手の言い分に対して、賛成もできれば反論をすることもできる。

3 「形」の構造よみ―クライマックスの読み

(1) 授業計画

「形」の場合、次のような単元計画が立てられる。全十一時間計画である。

一 表層の読み取り（1限）
1 動機づけ、教師の朗読、内容の確認、語句の確認
二 構造よみ（構成・構造の読み）（2～4限）
2 発端
3 クライマックス（その1）
4 クライマックス（その2）、山場のはじまり
三 形象よみ（形象・主題の読み）（5～9限）
5 導入部「人物」の重要箇所の抽出と読み深め
6 導入部「時」「場」「事件設定」の重要箇所の抽出と読み深め
7 展開部「事件の発展」の抽出と読み深め（その1）
8 展開部「事件の発展」の抽出と読み深め（その2）
9 山場「事件の発展」の抽出と「クライマックス」読み深め
四 吟味よみ（吟味・評価・批判）（10～11限）
10 この作品で評価できる工大点
11 この作品への疑問・批判

以下これまで実際に行った「形」の授業での子どもたちの反応を紹介しながら、教材研究の形で「形」のクライマックスについて見当していく。右の過程では「二　構造よみ」の「クライマックス」の部分である。

(2)　クライマックスの候補と決定

それまでの発端の討議を通して、子どもたちはここまでで以下の三点を理解していることが多い。

a 非日常になる場面は、筒井順慶との戦いが始まる場面ではなく、「若侍が新兵衛の形を借りる」場面であり、ここから事件が始まっていく。これは「発端」の読みとりと関わる。

b 若侍と新兵衛の出会いから事件が始まる。新兵衛にとっては、若侍の依頼に快諾することが命取りにつながってしまう。

c つまり、この話は単なる戦いの話なのではなく、新兵衛が「形」のもっている力に気づくという話である。

(3)　クライマックスの候補と決定

「形」の山場は次のとおりである。

> 彼は、二番鎗は、自分が合わそうと思ったので、駒を乗り出すと、一文字に敵陣に殺到した。
> 猩々緋の武者の前には、戦わずして浮き足立った敵陣が、中村新兵衛の前には、びくともしなかった。そのうえに彼らは猩々緋の『鎗中村』に突き乱された恨みを、この黒皮おどしの武者の上に復讐せんとして、たけり立っていた。
> 新兵衛は、いつもとは、勝手が違っていることに気がついた。いつもは虎に向かっている羊のようなおじけが、敵にあった。彼らはうろたえ血迷うところを突き伏せるのに、なんのぞうさもなかった。今日は、彼らは対等の戦いをする時のように、勇みたっていた。どの雑兵もどの雑兵も、十二分の力を新兵衛に対し発揮した。二、三人突き伏せることさえ容易ではなかった。敵の鎗の鋒先が、ともすれば身をかすった。新兵衛は必死の力を振るった。平素の二倍もの力をさえ振るった。が、彼はともすれば突き負けそうになった。手軽にかぶとや猩々緋を貸したことを、後悔するような感じが頭の中をかすめた時であった。敵の突き出した鎗が、おどしの裏をかいて彼の脾腹《ひばら》を貫いていた。

候補としては、次が出てくることが多い。

A　新兵衛は、いつもとは、勝手が違っていることに気がついた。

B　が、彼はともすれば突き負けそうになった。

C　手軽にかぶとや猩々緋を貸したことを、後悔するような感じが頭の中をかすめた時であった。

D　敵の突き出した鎗が、おどしの裏をかいて彼の脾腹を貫いていた。

E　右の「C」「D」が共にクライマックスという意見。

A「気がついた。」では、まだ実際の勝ち負けは決まっていないし、クライマックスとしては早すぎるということで、すぐに消えていく。Bも、「負けそう」であり、まだ負けていないのでクライマックスとしてはふさわしくないという意見が出て消えていく。さらにここは「ともすれば」とある時だけのことでなく、繰り返されていることでクライマックスの描写、緊張という面でふさわしくないという意見が出ることもある。

そうなるとC、D、Eのいずれかだが、丁寧に読んでいくと、CとDは同時に起きたことであり、Cでは精神的な敗北、Dでは物理的・肉体的な敗北ということで、C・Dを合わせた「E」の意見に収斂していく。

また、それ以前の「ともすれば」など、説明性を含む描写に比べると、このC、Dの二文だけが「かすめた時であった。」「貫いていた。」など極めて描写が濃密になることもわかってくる。

したがってクライマックスは「手軽にかぶとや猩々緋を貸したことを、後悔するような感じが頭の中をかすめた時であった。敵の突き出した鎗が、おどしの裏をかいて彼の脾腹を貫いていた。」である。つまり、これはクライマックス＝結末＝末尾の作品である。

クライマックスの性格とぴったり合致する。

①　新兵衛の「後悔」と死という事件が一番大きく変わる転換点である。事件の決定的な局面である。

②　主人公の「後悔」「死」という緊張感をともなう部分、盛り上がる部分である。

③　一瞬の出来事を丁寧に「描写」している。

4　クライマックスへの着目が「形象よみ」で生きる

クライマックスへの着目があることで、導入部、そして展開部などでの重要箇所がより抽出しやすくなる。まず、導入部の「人物」設定では、次のような部分に自然と目が行く。

『鎗中村』

三間柄の大身の鎗の矛先で、さきがけ、しんがりの功名を重ねていた。

火のような猩々緋の服折

唐冠纓金のかぶと

もともと「猩々緋」と「唐冠纓金」は、この導入部で四回も繰り返されている。この「形」の素晴らしさ、鮮やかさの強調が、クライマックスの逆転をより効果的にしている。それらを意識することで、導入部の人物設定の読み深めも鋭く豊かになっていく。

また、クライマックスを意識することで、展開部の「事件の発展」も、より抽出しやすくなる。クライマックスを意識すると、自然と次の二か所が子どもたちから指摘されることになる。

「が、申しておく、あの服折やかぶとは、申さば中村新兵衛の形じゃわ。そなたが、あの品々を身に着けるうえからは、われらほどの肝魂《きもだま》を持たいではかなわぬことぞ」と言いながら、新兵衛はまた高らかに笑った。

その日に限って、黒革おどしのよろいを着て、南蛮鉄のかぶとをかぶっていた中村新兵衛は、会心の微笑を含みながら、猩々緋の武者の華々しい武者ぶりを眺めていた。そして自分の形だけすらこれほどの力をもっているということに、かなり大きい誇りを感じていた。

前者は「形」というキーワードが含まれている。そして、新兵衛の強い自信が読める。後者は二重三重の新兵衛の自身に加え、「黒革おどし」「南蛮鉄」という「猩々緋」「唐冠」と真逆の仕掛けが読める。伏線である。

*

このように「クライマックスを意識しながら、導入部、展開部などの重要箇所を抽出していく」ということも、重要な読みの方法、つまり教科内容である（ただし、これは「形象よみ」段階での教科内容である）。

【物語・小説の教科内容の再構築】

3　物語・小説の形象・表現の技法についての「国語の力」を解明する
――「ごんぎつね」（新美南吉）「川とノリオ」（いぬいとみこ）などを使って

柳田良雄（千葉県松戸市立六実小学校）

1　小学校の「国語の力」と指導の系統性

本稿では「物語・小説の形象・技法」に関して、小学校の六年間の指導のおおまかな系統について述べる。

私は次のようにとらえている。

(1) 低学年

読むべき形象・技法を教師が指定し、その言葉を中心に読解を深めていく。形象を読ませる際、逸脱と思われる解釈であっても大方は認める。低学年の子どもの場合、自分の生活経験に基づいた個人的な解釈も多く、テキストの文章から少し離れてしまうこともあるが、それもよしとするということである。

解釈の正誤よりも、考えを述べる楽しさを味わわせたい。また、たとえ逸脱した解釈を述べたとしても教師からの評価があれば子どもはやる気を出す。このようにして、国語学習への意欲づけを重視したい。

授業では―

「今日の勉強ではこの言葉を深く読んでみましょう。」

と教師が読むべき言葉を指定する。それにより子どもたちは「物語を読むときにはとくに大事にする言葉というのがあるのだな」とわかってくる。低学年の指導ではこのことをねらいとする。

(2) 中学年

読むべき形象・技法を教師とともに見つけ出していく。

低学年では読むべき言葉を指定したが、中学年では―

「比喩はないかな?」とか
「文末に着目するのだったね」

というようにポイントを与えてあげる。既習内容を教室掲示するなどして、随時振り返らせる。

「ほら一学期に勉強した『やい、とかげ』で、山田君と佐藤さんが比喩のことで論争したでしょ?あれ、おもしろかったよね。今度もおもしろい比喩の場面があるのだよ。見つけてごらん。」

というように、それまでの学習内容の具体的場面を想起させるとよい。

技法の定義を細かく確認していくよりも、自分たちが学んできた足跡を振り返り、それを今の学習に生かしていく方向で学習を進めるとよい。子どもたちが自分たちの学習の発展を実感でき学習意欲が向上するからである。

(3) 高学年

既習事項をもとに自分の力で読み進めていくことを目標にする。時間的に余裕のない場合などは演習問題を出し、形象・表現の技法を指導することもよい。

「『色の白い女の子がいました』という文があります。これを全く異なる面から解釈しなさい」

「『山の上から鬼が駆け下りてきました。』この文をどう読みますか?」

前者については肯定的に読めば「美しい女の子」と解釈できるし、否定的に読めば「病気を患っているのではないか」と解釈できる。後者については視点を扱える。

このような演習を行うことで子どもたちは、形象・表現の技法を確認し、それをもとにテキストを自力で読み解いていく。

2 「かさこじぞう」「ごんぎつね」「川とノリオ」による指導

以下、低学年では「かさこじぞう」、中学年では「ごんぎつね」、高学年では「川とノリオ」を例に、実際の授業場面をあげながら具体例を述べる。

(1) 低学年の場合 「かさこじぞう」(いわさききょうこ)

教材の一部を引用する。

> おどうはなし、木のかげもなし、ふきっさらしの野っ原なもんで、じぞうさまは、かたがわだけ雪にうも

れているのでした。

「おお、お気のどくにな。さぞつめたかろうのう。」

じいさまは、じぞうさまのおつむの雪をかきおとしました。

「こっちのじぞうさまは、ほおべたにしみをこさえて。それから、このじぞうさまはどうじゃ。はなからつららを下げてござらっしゃる。」

じいさまは、ぬれてつめたいじぞうさまの、かたやらせなやらをなでました。


一つめの「読みの方法」として次を取り上げた。

似ているけれども、別の表現にかえて、比べて読んでみる（差異性）

次のように問うた。

『おつむの雪をかきおとしました』と書いてありますね。じいさまになってじぞうさまのおつむの雪をかき落としてください。」

数名の子どもに動作化をさせた。全員が手のひらで雪を落とす動作をした。少しずつていねいになでおろしていく子もいた。


「この子たちの動作はどうですか？」

「いいでーす。」

「いいえ、違います。合っている子は一人もいませんでした。」

このように言うと教室中から「えー！」との驚きの声があがった。

「もう一度挑戦する子？」

と問うと一度目よりも多くの子が挙手した。その子たちに動作化をさせたが、先ほどと同じようなしぐさの繰り返しであった。

が、一人の子が指先を少し曲げて雪を「かきおとして」いた。

「このなかで一人だけ合格の子がいましたよ。だれでしょう？」

こう問うと学級はおおいに沸き立った。

このような動作化を通して「かきおとす」の形象に注目させた。次に、

「みんな、指を見てごらん。爪を見てごらん。どうなっている？」

と問うた。極寒のなか、素手で雪をかき落としたのであ

る。じぞうさまの顔や胴体の凹凸部分にも指を入れて丹念に雪をかき落としたのだろう。

子どもたちは次のように発言した。

「爪の中に雪が埋まっている。」

「じぞうさまは石でできているでしょう。石のところをがりがりってやったのだから、血がでていると思う。」

発言の中には逸脱した解釈も含まれている。しかしそれも認める。教師がにっこり笑って「その通りだね。」「先生もそう思うよ！」と基本的にはすべての答えを容認し、肯定的評価を加えていく。

低学年児童にとっては「国語が好き」だとか「国語の勉強が得意だ」との意識は、教科内容が理解できたということよりも、先生にたくさんほめらたというところにあるだろう。「僕は国語の勉強が大好きだよ。だって国語の時間は先生にいっぱいほめられるから。」というのが低学年児童の認識であろう。

二つめの「読みの方法」として次を取り上げた。

反復への注目、または定型表現への着目

具体的には「かたやらせなやら」の動作化である。

多くの児童は肩と背をなでる動作をするだろう。そのなかで、肩と背の他に頭や足などをなでる子もでるだろう。理由を問うと『〜やら〜やら』という言葉はこのあとにも『〜やら』と続くから」との答えが返ってくる。

また前半部分について

「ものすごいふぶきになっていることがわかる言葉を見つけてごらんなさい。」

と問うのもよい。「かたがわだけ雪にうもれている」を見つけた子を大いにほめてあげる。説明をもとめると、

「ずっと前にね、家族でスキーに行ったとき、風がすごく吹いてきてね、そのときにスキーの服のこっち側だけに雪がついて、じぞうさまも『かたがわだけ雪にうもれている』というのはそういうことだと思います。」

といった生活経験をもとにした発言をしてくる。これもじっくり聞いてあげて評価をする。

(2) 中学年の場合「ごんぎつね」（新美南吉）

教材の一部である。

> その時、兵十は、ふと顔を上げました。と、きつねがうちの中に入ったではありませんか。こないだ、う

なぎをねすみやがったあのごんぎつねめが、またいたずらをしに来たな。

（中略）

兵十はかけよってきました。うちの中を見ると、土間にくりがかためて置いてあるのが、目につきました。

「おや。」

と、兵十は、びっくりして、ごんに目を落としました。

「ごん、おまえだったのか。いつも、くりをくれたのは。」

ごんは、ぐったりと目をつぶったまま、うなずきました。

兵十は火なわじゅうをばたりと、とり落としました。

次のように発問する。

「同じことを表していても違う表現を用いている言葉に着目するということを習いました。今日勉強する箇所からそれをさがしてごらんなさい」

ここでは次の二つを取りあげる。

①呼称から読める人物の見方
②表現の変化から見える人物の見方の変化

①についてはごんの呼称と、見るという動作についてである。呼称は次のように変化している。

きつね→ごんぎつねめ→ごん（おまえだったのか）

兵十にとっては憎いきつねである。それはとくに「ごんぎつねめ」という言葉に表されている。それがくりを運んでいたのが、そのきつねであるとわかり、「ごん」という呼びかけにかわる。兵十の心情の変化が読み取れる。

②については、見るという動作について。忍び込むごんを火なわじゅうで打ったあと、兵十は次のように目線を移している。

うちの中を見ると　→（くりが）目につきました。
→（ごんに）目を落としました。

ごんを打った後、兵十がまず見たのは「うちの中」である。ごんなどどうでもいいのだ。心配なのはうちの中が荒らされていないかどうかである。

そのとき、栗が「目につく」のである。たまたま目に入ったという表現である。そして栗とごんが結びつき、倒れているごんに目を落とすのである。子どもは、

「最初は全体を見ていたけれど、だんだん一点を見るようになる。カメラがズーッと近づいて、物が大きく写る

みたい。」

「『目を落とす』というのは、じぃっと見る感じがします。何かショックなことがあったときに使うように思います。」

といった発言をした。ここからも兵十の心情変化を読み取ることができる。

次のような発問も、形象・表現の技法を理解させる上で有効である。

「この表現は違う言葉に置き換えられるなという表現はありませんか。見つけてごらんなさい。」

ここでは「とり落とす」を問題にする。「落とす」としてもよいところを「とり落とす」と表現しているのである。これを比較することにより何が読めるか。

「『落とす』は何かを落としてしまう感じがします。でも『取り落とす』はなんだか力がぬけて知らない間にぽとっと落ちてしまったという感じがします。」

「ほら、よくテレビでさ、すごいショックを受けて何かが手からスルッと落ちてしまう場面があるでしょ。あのときはあまりにショックで頭が真っ白になっていると思います。だからこのときも兵十はびっくりして頭が真っ白になったのだと思います。」

ここは物語のクライマックスである。多くは、

「このとき兵十はどんな気持ちでしょう?」

との問いが発せられるだろう。子どもたちは、

「『ああ、なんてことをしてしまったのだろう』とすごく後悔していると思います。」

といった答えを述べるだろう。答えの内容は間違えではないが、このような発問では答えようという意欲がわきにくいのではないだろうか。とくに読解を苦手とし、語彙の少ない男子などは、授業に参加する気持ちがもてずに終わるのではないだろうか。

ところが「落とす」と「とり落とす」はどう違うかと問われれば、発言してみようとの気持ちもおこるのではないだろうか。

(3) 高学年の場合「川とノリオ」(いぬいとみこ)

教材文である。

> じいちゃんはきせるをみがいている。ジューッと焼けるくさいやにのにおい。
> ときどき、じいちゃんの横顔が、へいけがにのよう

に、ぎゅっとゆがむ。ごま塩のひげがかすかにゆれて、ぽっとり、ひざにしずくが落ちる。

（中略）

あらしが過ぎた。

川っぷちの雑草のしげみのかげで、こおろぎが昼間も、リリリリと鳴いた。

すすきがまた、銀色の旗をふり、父ちゃんが戦地から帰ってきた。

父ちゃんは小さな箱だった。

じいちゃんが、う、うっと、きせるをかんだ。

川が、さらさらと歌っていた。

高学年では、これまで学んだ教科内容を用いて個人で読解していくことを目指したい。そこで教科内容を枠囲みせず、具体的な授業場面を提示する。

子どもたちは家で一人読みして、自分なりの解釈を書き込んできている。班ごとに自分の読解を発表しあい、その後、全体で意見を出し合った。

子ども　「きせるをみがいている」と「きせるをかんだ」という表現を比べることができます。同じきせるを扱っているところですが、最初はみがいていて、つぎはかんでいるので、気持ちが高ぶったのだと思います。

教師　なるほど、よいところに目をつけました。ここをとりあげましょう。意見は？

子ども　きせるをきれいにみがくことで、母ちゃんを失った悲しみをまぎらわそうとしているのだと思います。

子ども　なぜみがくことが悲しみをまぎらわせることになるのですか？

子ども　他のことをやり、悲しいことを忘れるためです。

教師　そうかな？きれいにするためにみがいているのかな？もしそうなら「ぽっとり、ひざにしずくが落ちる」はどう解釈すればよいかな？

子ども　こらえきれないほど悲しい。

子ども　きせるをみがいているので、涙を手でぬぐうことができないと思う。

子ども　そうではない。ぬぐうのをわすれるくらい悲しいのだと思う。どうすればいいのだ、とぼーっとなっている。

教師　うん、そうすると、みがいているとは？

子ども　本当はみがいていない。何だか勝手に手が動いているのではないか。

子ども　放心状態になっている。

教師　では、後半の「きせるをかむ」とは？

子ども　かむというのは、怒っている感じがします。

子ども　きせるは金属なので、そこをかむのはよほどのことがあるのだろう。

子ども　じいちゃんはこれから自分一人でどうやってノリオを育てていけばいいのか、困っている。

子ども　困っているというよりも怒りだと思う。母ちゃんが亡くなったときは悲しくて放心状態だったけれど、父ちゃんまで死んでしまって、父ちゃんと母ちゃんを奪っていった戦争に対する怒りだと思います。

「きせる」という言葉をキーワードとして、その扱いの違いから、じいちゃんの状況、心情、戦争へ対する怒りを読み取ることができた。

子どもたちは既習事項をもとにして、さまざまな観点から読解を試みる。一人一人の読みを取りあげていたら、授業として成立しない。そこで、本時で指導したい形象・表現の技法を選択し、的をそこに絞ることが大切である。一時間にはどんなに多くても二つの形象・表現の技法をとりあげるだけで十分であろう。

3　おわりに

ほとんどの学校ではこれまで述べたように低学年→中学年→高学年と系統をもって指導を行ってはいないだろう。

私は現在5年生を担任している。教科書は教育出版である。最初の文学作品は「五月になれば」である。これもさわやかな作品なのだが、今回は光村の教科書に掲載されている「あめ玉」を取りあげた（Ⅲ章参照）。この作品は非常に短く、また形象性も高く、とりあげやすい作品である。教材の選択も十分に考慮したい。

注

本稿で示した「ごんぎつね」と「川とノリオ」の実践例は、それぞれ二〇一〇年、二〇一一年に柳田が授業をした記録を再構成したものである。

【物語・小説の教科内容の再構築】

4　物語・小説の吟味・評価についての「国語の力」を解明する

――「ごんぎつね」（新美南吉）「アイスプラネット」（椎名誠）を使って

熊添　由紀子（福岡県八女市立黒木中学校）

1　学習指導要領における吟味・評価

二〇〇八年告示の学習指導要領の「読むこと」には、次のような指導事項が述べられている。（物語・小説の吟味・評価の指導に関わる部分を抜粋）

〈小学1・2年生〉

オ　文章の内容と自分の経験とを結び付けて、自分の思いや考えをまとめ、発表し合うこと。

〈小学3・4年生〉

オ　文章を読んで考えたことを発表し合い、一人一人の感じ方について違いのあることに気付くこと

〈小学5・6年生〉

エ　登場人物の相互関係や心情、場面についての描写をとらえ、優れた叙述について自分の考えをまとめること

〈中学1年生〉

エ　文章の構成や展開、表現の特徴について、自分の考えをもつこと

〈中学2年生〉

ウ　文章の構成や展開、表現の仕方について、根拠を明確にして自分の考えをまとめること。

〈中学3年生〉

ウ　文章を読み比べるなどして、構成や展開、表現の仕方について評価すること。

自分の考えをもつとは、あくまでも文章に即して登場人物の相互関係や心情、文章の構成や展開、表現の仕方などについてしっかりと読みとることを前提としている。

その上で作品を有効な視点で吟味・評価することによって、さらに自分の考えを広くしたり深めたりすることができる。文章を読み比べることにおいても、どんな視点をもって読み比べるのかが大切になってくる。

2 吟味・評価についての「国語の力」とは

(1) 「自分の考え」をもてる力

二〇〇〇年に始まったOECDの学習到達度調査(PISA)における日本の「読解力」の結果が、全国学力・学習状況調査に反映され、学習指導要領にも影響を与えている。日本の高校生は、資料をもとにして自分の意見を述べる自由記述問題に無答率が多いという結果が出ている。文章を吟味・評価して自分の考えを表現できる力が求められている。その力をつけるには、自分はこの作品をどう思うか、本文の記述に戻りながらその根拠を探し表現する「吟味よみ」の方法が有効である。

(2) 作品を相対化できる力

作品に対して自分の考えをもてるとは、読み取ったことをもとに作品を相対化できるということである。この作品を自分はどう思うか、良いと思うか、疑問を感じるのか、なぜそう思うのか等を自分に問いかけ、その問いに根拠を挙げて答えていく。言い換えれば自分の中に作品を評価できる主体をつくるということである。はじめから主体が生まれるわけではない。まずは教師が子どもに吟味・評価の視点や方向性を示しながら将来的には自分の力で作品を相対化できるようにしていく。

3 吟味よみの方法

阿部昇は吟味の方法を次のように述べる。[1]

「吟味よみ」の過程では、子どもたちはその作品が好きであるか、嫌いであるか。作品のこの要素に共感する、違和感を感じるということを、まず意識化させる。自分はこの作品のこの要素は優れていると思うが、この要素は批判したい、という形の評価の要素も含まれる。いずれの場合も、それまでの構造の読み、形象の読みを生かしつつ、その根拠を明確にしながら、子ども相互で自分たちの読みを交流し検討していく。当然、それぞれの子どもの中でも、自分の読みを対象化し再構築するという過程が生まれてくる。

そして吟味の方法として次の七つを挙げている。これが教科内容である。（熊添が阿部のものを短く要約した。）

①語り手を替えて、その差異を吟味する。
②別の事件展開の可能性を仮定して、その差異を吟味する。
③導入部における人物設定、時や場の設定、先行事件の設定などについて別の可能性を仮定して、その差異を吟味する。
④別の語りの可能性を仮定して、差異を吟味する。
⑤人物像、語り手像、語り手の設定の仕方、作品のもつものの見方・考え方を吟味する。
⑥自分が読み取った作品の思想、ものの見方・考え方に、別の思想、価値観を対置させて吟味する。
⑦作品と自分、作品と世界との関係について吟味する。

作品ごとにこれらの方法をすべて使うのではない。その作品にふさわしい吟味の方法がある。それは、教師の深い教材分析によって自ずと見てくる。指導としては、構造よみや形象よみを行った上で、これらの吟味がある。

また、子どもが比較的すぐに行える吟味の方法と、かなり読む力がないとできない方法がある。吟味よみを始めて間のない段階では、吟味の方法を子どもが選んで考えるのは難しい。最初は吟味の方向の基本的なところを教師が提示し、子どもたちに読ませるのがよい。

吟味において大切なことは作品を「再読」することである。作品から離れた恣意的な吟味ではなく、常に作品のどこに書かれているかを意識させながら自分の意見の根拠を述べさせることが大切である。

4　「ごんぎつね」（小4）を「吟味」「批評」する

「ごんぎつね」では、次のような吟味が考えられる。

冒頭の語り「これは、わたしが小さいときに、村の茂平というおじいさんから聞いたお話です。」があることの意味を考える。

これは語りの仕掛けに着目し、その特徴を吟味するという方法である。阿部の方法の「③」「④」に対応する。

冒頭の一文は、その後の「昔は」で始まる「ごんぎつね」の話に直接関わる内容の文ではない。なかったとしても「ごんぎつね」の話の内容はわかる。なぜ作者はこの冒頭の一文を書いたのか。ない場合とある場合とではどう違うか、どちらが良いと思うかを考えさせる。

予想される考えとしては、次のようなものがある。

a　昔話として語り継がれているという設定にすることによって、作品にふくらみをもたせている。物語世界と茂平と「わたし」の世界という二重の世界が見えてくる。

b　多くの人たちに長く語り継がれているということを意味する。つまり、語り継がれるだけの価値ある話であることを示唆していることになる。

c　誰が語り始めて茂平にまでたどりついたのか、という語りの推理で生きてくる設定である。

とすると、たとえば次のような吟味も考えられる。

> この後、兵十は村人にどんな風に話したと考えられるか。

これは阿部の「①語り手を替えて、その差異を吟味する」という方法に対応する。

兵十がごんとのことを、事件後、どう考えていたかは書かれていない。その兵十がこの話をどう村人に語り直すかを考えることで、もう一度この作品を見直すことになる。

> ごんと兵十は死をもってでしか分かりあえないという悲しいお話になっているのはなぜか。

これは阿部の「②別の事件展開の可能性を仮定して、その差異を吟味する」という方法にもつながる。

人間世界と対置する自然や動物の世界の象徴として存在するきつねであるごんは、人間である兵十とは決してつながれない存在として描かれる。二人がつながれなかった理由を作品中から探し再度テーマを読み直す。

5　「アイスプラネット」（中2）を「吟味・評価」する

「アイスプラネット」は、「僕」がおじさんの「ぐうちゃん」から、たくさんの「ほら話」を聞かされる。ぐうちゃんを好きな「僕」だが、ある「ほら話」をきっかけに二人は少し険悪になる。旅に出たぐうちゃんからある日「僕」に手紙と写真が届く。そこには、本当に三メートルもあるナマズや北極の海に浮かぶ「氷の惑星《アイスプラネット》」の写真が入っていた。―という小説である。

クライマックスは、次の最後の三文である。

> そして、封筒からは写真が二枚出てきた。一枚は人間の倍ぐらいあるでっかいナマズの写真。もう一枚は、北極の海に浮かぶ、見た者を幸せにするという氷の惑星《アイスプラネット》の写真だった。

そして、カラー写真二枚が提示されている。この小説は最後のクライマックスに向かって巧妙に仕掛けられている。また、最後の三文と二枚の写真がセットになってクライマックスを形成している珍しい作品である。

写真がなくても文章だけで話はわかるが、写真があることでどんな効果があるのか。写真がない場合とある場合とではどう違うのかを吟味することで、この作品のしかけや価値を考えさせることができる。

ここで使う吟味の方法は、「クライマックスの中身を一部改変し、その差異を吟味する」である。阿部の方法の「②」に対応する。この吟味の方法は、「故郷」（中3）でも使うことができる。「故郷」のクライマックスは、次の作品の末尾の部分の最後の一文である。

> 思うに希望とは、もともとあるものともいえぬし、ないものともいえない。それは地上の道のようなものである。もともと地上には道はない。歩く人が多くなれば、それが道になるのだ。

「歩く人」を「走る人」「考える人」「思う人」と比べてみる。また、「道になるのだ」を「道を作るのだ」「道ができるのだ」と比べてみる。(2)「歩く」は「走る」とは違う。ゆっくりとした速度での進み方である。「考える人」「思う人」でもなく、「歩く」のだから、たとえゆっくりとではあっても、実際に「新しい生活」を求めて進む人、実践する人、生活する人によって道となるのである。「走る」ように性急に焦ってもいけない。またただ考えているだけでもいけないのである。

「道になるのだ」は「道を作るのだ」「道ができるのだ」とは違う。「道を作るのだ」は数人が役割として道を作るのであり、そうではなく、だんだんと少しずつ多くの人たちが歩き踏みかためるというかたちで自然と道になっていく。「道ができる」のではなく、多くの人たちによって少しずつゆっくりと自然にできるような形で「道になる」のである。

このように「クライマックスの中身を一部を改変し、

その差異を吟味する」という方法を使うことで、主題をさらに深く読み深めることができるのである。

6 「アイスプラネット」の「吟味・評価」の授業

「アイスプラネット」の授業記録の一部を紹介する。

> 二〇一四年四月二八日（月）2時限目
> 福岡県八女市立黒木中学校
> 2年2組（男子17名・女子15名、計32名）
> 授業者　熊添由紀子

前時までに「アイスプラネット」の構造よみ、形象よみをして主題をとらえている。本時は吟味よみをして批評文を書く授業である。

> めあて
> 写真がある場合とない場合とどう違うか考えよう。
> （写真の効果や意味）

まず個人で考えた後、班で話し合っている。班長はみんなの意見を聞いて、まとめて、発表者を決めている。

教師　では、発表してください。

子ども　言葉だけだったらアイスプラネットがどんなものかわからないけれど、写真が載っていたら興味がわくと思います。

子ども　写真があった方が、よりリアルに伝わります。

教師　実物の写真があると、僕はもちろんだけど、ほかにだれが「これがアイスプラネットなのか。」と納得しますか？

子ども　読者。

教師　そうですね。私たち読者にとっても説得力があるよね。他にありますか。

子ども　ナマズやアイスプラネットを見た僕の驚いた感情が、写真があることで読者もよくわかると思います。

教師　衝撃的ですよね。この作品は文章と写真がセットになってクライマックスになっているというしかけのある物語なんですね。他はどうですか。

子ども　写真があると実際に見たくなります。

教師　写真にはどんな意味がありましたか？なぜぐうちゃんは写真を送ってくるの？

子ども　ナマズやアイスプラネットはほら話ではなくて、本当だったという証拠になっている。

教師　なぜこの二枚の写真が証拠になるのですか？どこ

に何と書いてありましたか？

子ども　6頁の16行目。僕が「昨日の話、本当なら証拠の写真を見せろよ。」と言ったから。

教師　なぜ僕は「証拠の写真を見せろよ。」と言ったのですか？

子ども　吉井と今村が「証拠見せろよ。」と言ったから。

教師　友だちが信じなかったのですね。信じなかったのは友だちだけ？

子ども　僕もです。

教師　僕も信じていないのですね。それはどこからわかりますか。ナマズの話を信じていないとわかるのは？

子ども　5頁の「うそだあ。ありえねえ。」からです。

教師　アイスプラネットの話を信じていないとわかるのは？

子ども　6頁の「やっぱりありえねえ。」からです。

教師　そうすると、この写真は僕も信じていない、友だちも信じていない、読者の私たちも疑っている、そのことをひっくり返してしまう、何も言えなくしてしまう、有無を言わせなくしてしまう効果があるんですね。他はどうですか。この写真は誰が撮った写真ですか。

子ども　椎名誠。

教師　そうですね。そうするとどんな効果がありますか？　椎名誠さんが本当に撮った写真なんですね。

子ども　この写真を撮った努力などが伝わってくる。

子ども　椎名誠さんが冒険家だったことがわかる。

教師　ここで主題を思い出してください。主題の最後の部分を読んでください。

子ども　（一斉に）「ぐうちゃんと出会い直しをする僕の物語。」

教師　「僕が写真を見てぐうちゃんと出会い直しをする」物語、というのが主題でした。そうすると、実際の写真があることで、僕がぐうちゃんと出会い直すだけでなく、誰が誰と出会う物語だと言えますか？

子ども　読者が作者椎名誠と。

教師　そうですね。読者が作者椎名誠と出会うことができる物語だということになりますね。そういう仕掛けがこの写真にはあるのです。

さらにもう一つあります。僕とぐうちゃんはどこの世界の人ですか？

子ども　物語の世界。

教師　そうですね。こういうのをフィクションの世界、虚構の世界というのですが、フィクションの世界の中にノンフィクション（事実、現実）の世界が入り込んでいるおもしろさが、この写真によって生まれているという効果もあるのですね。

教師　今日の授業をまとめます。このように吟味よみをして、べつの視点から見ることで、もっと深く作品を読むことができることを学びました。吟味よみは作品を深く読むことができるので面白いでしょう。吟味よみの魅力がわかったと思います。

　では、今日の吟味よみをふまえてこの作品を自分はどう思うか、批評文を二百字程度で書いて下さい。

子どもの批評文を二つ紹介する。子どもたちなりに「吟味・批評」し、作品を「再読」していることがわかる。

　ただクライマックスなどをとらえるだけではなく、「吟味よみ」という違う視点から読んでみると、今までわからなかった写真の意味がわかったし、より深くこの物語がわかったので良かったです。最後の三文と写真二枚がセットでクライマックスになっているなんて驚いたし納得できました。フィクションの世界の中にノンフィクション、つまり作者のことまで入るなんて面白いと思いました。

　展開部からはアナコンダやアイスプラネットの話は実際にあるのか疑ったけれど、クライマックスになって写真が付いていたので本当だったんだなあと改めて思いました。ぐうちゃんがうそをついていなかった証拠の写真があったので、約束を破っていなかったので感動しました。「僕」は改めてぐうちゃんと出会い直しをしたので、改めてぐうちゃんは誠実だと思いました。そして、実際にはない話に現実や事実の世界が入り込んでいたので、不思議な作品だと思ったし、写真がなかったら説得力もなくなるので、言葉だけよりしっかり伝わることがわかりました。

注

（1）阿部　昇「物語・小説を吟味する力」『国語授業の改革4』二〇〇四年、学文社、六〇～六二頁

（2）阿部　昇『力をつける「読み」の授業』一九九三年、学事出版、二二九～二三一頁

【説明的文章の教科内容の再構築】

5 説明的文章の構成・構造についての「国語の力」を解明する

――「じどう車くらべ」／「すがたをかえる大豆」(国分牧衛)を使って

臺野芳孝(千葉県千葉市立北貝塚小学校)

(1) 表層のよみ
　段落番号を付ける　新出漢字　意味調べ　音読練習

(2) 深層のよみ

①構造よみ　【本稿はこの段階を担当している】
「はじめ・中・終わり」に分ける。
「中」を内容によって「中Ⅰ・中Ⅱ……」に分ける。

②論理よみ
「はじめ・中Ⅰ・中Ⅱ……終わり」のまとまりごとに柱の段落を決め、柱の段落の中の柱の文を決める。
柱の文をつかって文章を要約する。

③吟味よみ
説明的文章のわかりにくい点、書かれ方がおかしい点などを批判的に検討し、読み手として、文章を批評・評価する。

1 説明的文章をどう教えるのか

　私たちは、教科書の指導書などに書かれてある文章の「意味段落」や組み立て・構成を、十分な検討なしに子どもたちに段落のまとまりとして提示し、いきなり要約をはじめてしまうようなことがないだろうか。

　読み研では、説明的文章を読み解くには三つの段階を設定している。構造よみ・論理よみ・吟味よみである。これらは「深層のよみ」として位置づけ、その前段階として「表層のよみ」つまり、「深層のよみ」のための段取りをつける段階がある。

　本稿では「構成・構造」の読みについて述べる。

2 説明的文章の構成・構造

説明的文章の構成や構造をおさえることは、説明的文章全体を読みとる上で、まず、最初に行うべき重要な読みの過程である。

説明的文章の構成を考えると、低学年の入門期の段階では、「はじめ」がないものや「終わり」がないものがある。

【三部構成】

終わり	中			はじめ
	…中Ⅲ	中Ⅱ	中Ⅰ	

※一般的な構成。「前文・本文・後文」「序論・本論・結論」などの構成

【二部構成A】

終わり	中			(題名)
	…中Ⅲ	中Ⅱ	中Ⅰ	

※「はじめ」がなく、中の文や題名などが問題提示や導入の役割をする。

【二部構成B】

中			はじめ
…中Ⅲ	中Ⅱ	中Ⅰ	

※「終わり」がない。続き作文などをさせていくときに使われるパターン。

説明的文章の構成を子どもたちに説明するときに、私は「夏休み前の先生のスピーチ」や「ゲームソフトの取り扱い説明書」をイメージさせる。「夏休み前の先生のスピーチ」では、柱立てとして次のようなスピーチ原稿を提示する。

終わり	中			はじめ
	中Ⅲ	中Ⅱ	中Ⅰ	
楽しい夏休みになるといいですね。	出かけるときは「どこに、誰と、いつ帰るか」を伝えよう。	熱中症に気をつけましょう。水分補給をし、帽子をかぶること。	交通事故に気をつけましょう。飛び出しや自転車の乗り方に注意。	夏休みが近いですね。気をつけてもらうことを三つ話します。
まとめ。呼びかけ。	言いたいこと。注意③	言いたいこと。注意②	言いたいこと。注意①	導入。話題・問題は何か

先生はいきなり注意から話すことはない。「はじめ」の部分があり、子どもたちの興味を引き、覚えてもらう工夫（ナンバリング）などをする。

「中」では、具体的な話題が出てくる。もっと詳しい説明をしたり、例を挙げたりすることもある。

「終わり」では全体のことに気をつけることで、楽しい夏休みを過ごしてほしいという話し手の願いなども入っていることを伝える。

このように説明的文章の構成には「はじめ・中・終わり」があり、それぞれのはたらきには違いがあることを意識することが、説明的文章を読みとる上で大切であることを教えたい。

3 「問い」と「答え」

低学年入門期の説明的文章は「問い」と「答え」が、構成の基本となる。「くちばし」(光村一年上)「なにがかくれているのでしょう」(教出一年上)などは「問い」と「答え」で構成されている。ただし、「中Ⅰ」「中Ⅱ」…それぞれに「問い」と「答え」がある。文章を俯瞰して見ることが発達段階的に難しい1年生にとっては、まず、「何が」「どんな」「誰の」「何…でしょう」などの疑問文を見つけること、どうして「問い」なのかを説明できることが大切である。

> 教科内容①
> 『問い』→『答え』のかたまりがある。

「問い」は、題名や呼びかけの形をとりながら徐々に難易度を上げ、「答え」は複数化したり、時間の経過を表すような記録的要素を持ったり、一つの事象の説明から次の事象の説明へと展開しながら答えにたどり着くような書かれ方のものもある。

説明的文章を構成するのは段落である。「問い」の機能をもった段落、「答え」の機能を持った段落である。もちろん、入門期の小学校一年生の場合は、一文が一段落であり、段落相互の関係ではなく、文相互の関係を読めばいいようになっている。また、これも複雑化し「問い」や「まえがき」の機能を持った複数の段落、「答え」の機能を持った複数の段落から構成され、文章の最後には、筆者の考えや感想などを最終的にまとめた「あとがき」的な機能を持つ段落が追加されるようになる。

4 「じどう車くらべ」(光村一年下)

「じどう車くらべ」で初めて「はじめ」の段落が加えられる。教出の「はたらくじどう車」でも、同じように「はじめ」の段落が出てくる。「はじめ」の段落には「全体にかかわる問い」が含まれている。

教科内容②
「『全体にかかわる問い』→『答え1』『答え2』…」のように、全体と部分の関係がわかる。

一段落目を気づかせるには、「本文」から文章を考えさせるとよい。

教師　「じどう車くらべ」には、どんな自動車が出てきましたか。
子ども　バスです。
子ども　じょうよう車です。
子ども　トラックです。
子ども　クレーン車です。
教師　23ページにはどんな自動車が書いてありましたか。
子ども　バスです。
子ども　じょうよう車です。
教師　では、ちょっと難しい質問ですよ。22ページには、どんな自動車が書いてありますか。絵ではなく字で書いてあることから考えてね。
子ども　何だろう。
子ども　いろいろなじどう車。
子ども　それぞれのじどう車。
教師　いろいろなじどう車、それぞれのじどう車と書いてあるけど、これでは何の車だかわからないよね。何でだろう。
子ども　バスかなあ。
子ども　じょうよう車かなあ。
教師　じゃあ、いろいろなじどう車、それぞれのじどう車の代わりに「バス」って入れて読んでみたらどう？
子ども　（全員で音読）バスがどうろをはしっています。バスはどんなしごとをしていますか。そのために、どんなつくりになっていますか。
子ども　あれ、バスのことなのかな。
教師　トラックにしても合いますねえ。
子ども　クレーン車でも合うよ。
教師　バスでも、じょうよう車でも、トラックでも、クレーン車でも合う、このページに書いてあることって何だろうか。
子ども　何だろう。
教師　このページは全部の車に当てはまることが書いてあるんだね。説明文では、こういう全体のことを書いてあるところと、バスだけ、トラックだけのことを書いてあるところとがあるんです。こういうところを、説明文の「はじめ」といいます。（板書する）みんなで一緒に言ってみましょう。

子ども　「はじめ」

教師　そして、バスやクレーン車の書いてあるところは「中」といいます。（板書する）みんなで一緒に言ってみましょう。

子ども　「中」

教師　説明する文には、「はじめ」と「中」があります。全体のことを書いてある「はじめ」と、一つ一つの説明をしている「中」です。覚えておきましょう。

「じどう車くらべ」では、中（本文）が三文ずつで構成されている。中Ⅰと中Ⅱを比べながら、同じ形式の箇所に線を引くことで、本文を分ける。似ている文を探すという視点で文章を読む経験を繰り返しさせたい。

> ①（　　）は（　　　する）しごとをしています。
> ②そのために、（　　）つくってあります。
> ③（　　）ように（　　）があります。ついています。

この構成を使って、別の自動車の説明文を書くことについては、あえて書かないが、似ている箇所を見つける技は、以降も使えるものなので、意識させながら学習させたい。

5　構成・構造について

小学校1年生の後期教材になると「問い」と「答え」の二部構成の文章から、「はじめ」「中」「終わり」の三部構成の文章へと、教材を配置する教科書が一般的である。

文章の構成を明らかにすることとは、文章に「はじめ」に「中」「終わり」があること。「中Ⅰ」「中Ⅱ」……のように「中」を話題や時系列、実験・例示などの説明の段階で分けることである。

構造を明らかにするということについては、もう少し細かい個所まで検討をすることになる。「この説明的文章で『はじめ』はどのような役割を持っているのか」「中の機能」などを読み解いていくことでもある。構成をはっきりさせるために、構造についての意見交換をするのが、「構造よみ」である。「構造よみ」の話し合いでは、「はじめ」「中」「終わり」の機能を考えながら段落のまとまりに意味づけをするのである。

はじめ	導入・話題提示・問題提示・説明する事柄の紹介・「問い」や「呼びかけ」・身近な事柄や写真などの提示・読者の興味を引く工夫
中	「問い」に対する「答え」・詳しい説明・複数の「答え」には順序性に意味あり・時系列的例示と例外・原因や理由・図や写真・グラフなどとその解説・実験とその結果と考察・まとめ
終わり	全体のまとめ・説明したことから一般化・抽象化・題名や「はじめ」との対応関係・筆者のいいたいこと

6　「すがたをかえる大豆」（光村三年下）

教師　「すがたをかえる大豆」の構造よみをします。今日は「はじめ」がどこまでかを決めたいと思います。「はじめ」には、どんなことが書かれていますか。

子ども　問題。「問い」の文です。

子ども　説明するものの紹介です。

教師　では、各自で探してみましょう。自分の意見が決まったら帽子をかぶってください。班全員が帽子をかぶったら、班の話し合いを始めていいです。班の意見がまとまったら、黒板に書いてください。それでは、三分をめどに始めます。

子ども　（それぞれが黙読をしながら教科書に線を引く。線を引いたら帽子をかぶって理由や根拠を考える。）

> ここで机間巡視をしながら、見当はずれなページを開いている子や、教科書から目が離れている子に声をかける。帽子をかぶるのが遅い子には、助言を与える。

教師　そろそろ三分間が過ぎました。黒板に班の意見を書いてもらいます。代表者を一人決めて書きに来てください。

子ども　（1段落だけの班と、1・2段落の班に分かれる。）

教師　さあ、意見が分かれましたね。1段落だけの意見をA、1・2段落の意見をBとします。意見をいうときは「Aの意見です」「Bに反対します」というように立場をはっきりさせてから話してください。

子ども　Aの意見です。1段落には「なんだか分かりますか」と質問の文があるので、問題を出しているからです。

子ども　その意見に反対です。そのあとに「それは大豆です」と書いてあって、それが「答え」だからおかしいと思います。

教師　1段落の「問い」は全体にかかわる問いではないということですね。では「はじめ」はどこまでなのかな。

子ども　わたしはBの意見で、3段落の最初に「いちばん分かりやすいのは」と書いてあって4段落の最初には「次に」と書いてあって、説明をしているから、3段落からが「中」だと思います。

子ども　Aの意見で、今の意見に反対です。2段落にも、「大豆は、ダイズという植物のたねです」と説明をしています。

教師　そうですね、大豆の説明をしていますね。

子ども　Aの意見です。1段落に「大豆は、いろいろな食品にすがたをかえていることが多いので気づかれないのです」と書いてあって、2段落に「そのままでは食べにくく」と、大豆の食べ方について書いているからです。

子ども　Bの意見です。1段落には、大豆が毎日食べられていることが書かれています。でも、2段落では、「そのままでは食べにくく消化もよく」ないと書いています。

教師　どういうことかな。

子ども　食べにくいのに、多くの人が毎日口にしていることが不思議だというか、おかしいです。

子ども　Bの意見です。題名が「すがたをかえる大豆」なので、そのまま食べる食べ方は、説明したいことではないです。

教師　題名からね。なるほど。付け足しがある？

子ども　Bの意見です。2段落に「そのため、むかしからいろいろ手をくわえて、おいしく食べるくふうをしてきました」と書いてあります。

子ども　付け足しです。筆者は、大豆をそのまま食べるのでなく、工夫して食べることを説明したいと思います。

教師　すると、「問い」はないのだけれど、その代りの問題を出しているのは、どの文になるかな。

子ども　2段落の「そのため、むかしからいろいろ手をくわえて、おいしく食べるくふうをしてきました」です。

子ども　「問い」を入れてもいいんじゃないの。
教師　どんな「問い」を入れればよいか、ノートに書いてみましょう。
子ども　（ノートに書く）
教師　書いたことを発表してください。
子ども　どんな工夫があるでしょうか。
子ども　大豆をどのようにして毎日食べているのでしょうか。
子ども　昔の人の工夫について考えてみましょう。
教師　「問い」だけでなく、「呼びかけ」の形でもいいね。そのような「問い」や「呼びかけ」の文はどの段落に入れたらいいかな。
子ども　２段落
教師　「問い」がなくても、説明文になっているんだね。２段落までが「はじめ」でいいですね。

教科内容③
「問い」の形をとらないが機能をもった「導入」がある。「問い」の形に書き換えることで、「問い」を明らかにする。

7　まとめ

「構造・構成よみ」は、文章の組み立てについて明らかにするよみである。子どもたちに「問い」と「答え」の関係から「構成・構造」を考えさせることで、書かれている内容を自ら読み取ろうと意欲を喚起することができる。もちろん、簡単にわかる構成・構造をもった文章もあるので、すべての説明的文章で議論をすることはない。わかりにくい文章ほど議論となり白熱する。教師が目をつけるのはまさにそのような箇所である。それをただ与えてしまうのはもったいない。

注
本稿で示した実践例は、臺野が授業をした記録を再構成したものである。

【説明的文章の教科内容の再構築】

6　説明的文章の論理・思考の方法についての「国語の力」を解明する

――「天気を予想する」（武田康男）を使って

永橋　和行（京都府・立命館小学校）

1　説明文の指導過程

私は、説明的文章の読解の指導を次のような順序で子どもに指導している。子どもに学習する順序（方法）を示すことによって、子ども自身が「説明文の学習はこのようにすればよい」という学習方法がわかり、主体的に授業に参加することにつながるからである。そしていずれ教師の手を離れても、子ども自身の力で文章を読み取っていってほしいという私の願いも入っているのである。

(1)　表層の読み取り

① 段落番号を書く。1　2　3……と書いていく。

② 子ども自身で音読を行い、新出漢字と難語句をチェックする。（波線を書く）

③ チェックした新出漢字と難語句を辞書を使って調べて発表し合い、読み方や意味を確認する。

(2)　深層の読み取り

① 構成よみ

・文章全体を前文・本文・後文に分ける。

・本文をさらにいくつかに分ける。（本文Ⅰ・本文Ⅱ…）

② 論理・要約よみ

・段落と段落、文と文の関係を読み取る。

（段落と段落、文と文のつながりを読み取る。）

・柱の段落、柱の文、柱の語を見つけて要約する。

（短くまとめる。）

・前文・本文・後文の要約文をつなげて、文章全体の要旨をまとめるか、後文の要約文をもとに、文章全体の要旨をまとめる。

③吟味よみ

・文章のよいところやよくないところ（または工夫しているところ・もっと工夫した方がいいところ）を読み取る。

2　「天気を予想する」の教材分析

「天気を予想する」は、小5の説明的文章教材である。十段落で成り立っている「説明文」である。気象庁の天気予報の的中率が以前に比べ高くなっているが、それがどういう理由で高くなっているのかについて述べている文章である。また科学技術の進歩等によって的中率が上がっても、長い間の人々の経験や知恵も大事にしながら自然に接していく必要があるという筆者の姿勢も読み取ることのできる文章になっている。

(1)　構成よみ

前文はなし。1段落から9段落までが本文、10段落が後文。前文になりうる問いは三か所（1段落、4段落、7段落）あるが、どの問いもこの文章全体の問いにはなっていない。したがって前文はなし。さらに1段落から3段落が本文Ⅰ、4段落から6段落が本文Ⅱ、7段落から9段落が本文Ⅲに分けられる。10段落が後文。

(2)　論理・要約よみ

・本文Ⅰの柱の段落は、1段落の問い「的中率は、どうして高くなったのでしょうか。」の答えになっている2段落（柱の文は「一つは、科学技術の進歩です。」）と3段落（柱の文は「もう一つの理由は、国際的な協力の実現です。」）。したがって2段落と3段落の柱の文をもとに要約する。

・本文Ⅱの柱の段落は、4段落の問い「天気予報は百パーセント的中するようになるのでしょうか。」の答えになっている5段落（柱の文は「予想することがむずかしい現象の一つに、突発的な天気の変化が挙げられます。」）と6段落（柱の文は「また、局地的な天気の変化も予想がむずかしいものです。」）。したがって5段落と6段落の柱の文をもとに要約する。

・本文Ⅲの柱の段落は、7段落の問い「突発的、局地的な天気の変化を予想する手立てはないのでしょうか。」の答えになっている8段落（柱の文は「一つの手立ては、実際に自分で空を見たり、風を感じたりすることです。」）と9段落（柱の文は「天気に関することわざが有効な場合もあります。」）。したがって8段落と9段落の柱の文をもとに要約する。

・後文の柱の段落は、10段落。10段落には、本文Ⅰのまとめ（①文と②文）と筆者の主張（③文と④文）が書かれている。したがって、まとめと主張のそれぞれの柱の文（①文「科学技術の進歩や国際的な協力の実現によって、天気予報の精度は年々向上しています。」と④文「科学的な天気予報を一つの有効な情報として活用しながら、自分でも天気に関する知識をもち、自身で空を見、風を感じることを大切にしたいものです。」）をもとに後文を要約する。

・後文をもとにして文章全体の要旨をまとめる。

・後文には本文Ⅱと本文Ⅲのまとめが入っていないため、それらを入れて全体要旨にまとめる。

〔全体要旨の例〕

> 科学技術の進歩や国際的な協力の実現によって、天気予報の精度は年々向上してきた。しかし突発的・局地的な天気の変化があるため百パーセント的中させることは難しい。したがって科学的な天気予報を活用しながらも自分でも天気に関する知識をもち一人一人が判断することも大切である。（百三十二字）

(3) 吟味よみ（略）

(4) 図や表を関連させながら論理を読む

この教材は、図や表を関連させながら論理を読むというねらいももっている。したがって、次のような視点で図や表の意味を読み取ることも重要である。

ア　図・表・写真があり、わかりやすいこと。

イ　数値で表されていてわかりやすいこと。

しかし一方で、

ウ　棒グラフの表がわかりにくいこと。（十年ごとの平均になっているが、三年ごとや五年ごとの平均にするとまた違った結果になる可能性がある。）

3　説明文における論理的な思考力とは何か

説明文の読解において「論理的な思考力」を育てるとはどういうことなのだろうか。私は、段落と段落、文と文の相互関係を読み取ることが「論理的な思考力」を育てることになると考える。言い換えれば、段落と段落、文と文とがどのようにつながっているのか（つながっていないのか）を丁寧に読み取ることだと考える。そうすることで、例えば、①文は柱の文で②文と③文はその具体的な説明であるというような相互関係（つながり）が読み取れるようになり、その力は文章を書く力にも生かされるのである。

そうはいっても、子どもにとって段落や文の相互の関係（つながり）を理解することはかなり難しい学習であると思われる。そこで私は、次のように論理関係の典型的な例文を用意して、前もって練習しておくとよいと考える。（「柱」とは、他の文や段落に対して範囲が広くまとめ的に書かれている文や段落のこと）

(1)〈対等な論理関係〉

A　①田口さんはカレーライスが好きです。

②　竹中さんは寿司が好きです。

＊①も②も柱の文で、相互に対等な関係である。

(2)〈対等でない論理関係〉　（柱がそれ以外を包含する関係）

B　例示という論理関係

①渡辺さんは陸上競技が得意です。【柱】

②例えば、一〇〇メートル走は十一秒で走ります。

③また、幅跳びは二メートル跳ぶことができます。

＊①が柱の文で、②③が例の文になっている。

C　くわしい説明という論理関係

①西村君は素敵なスポーツカーを持っている。【柱】

②それは赤い色をしている。

③それに時速二〇〇キロメートルも出る。

＊①が柱の文で、②③がくわしい説明になっている。

D　理由という論理関係

①三村さんは英語を一生懸命勉強している。【柱】

②それは、海外旅行をしたいからである。

＊①が柱の文で、②が理由・わけになっている。

4 子どもに論理的な思考力を身につけさせるための実践例

ここでは、段落と段落の論理関係を読み取る実践例と、一つの段落における文と文の論理関係を読み取る実践例を示す。（ここに示す実践例は、二〇一三年度に永橋が授業をした記録をもとに、再構成したものである。）

(1) 本文Ⅰ（1段落～3段落）の段落と段落の論理関係を読み取る。

（分析）1段落が問いで、2段落と3段落が答えになっている。つまり答えになっている2段落と3段落が柱の段落である。

（板書例）

〈本文Ⅰの論理関係〉

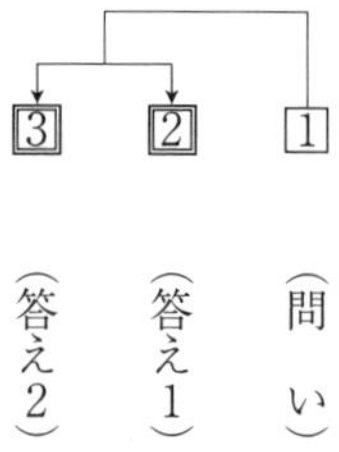

教師　では、本文Ⅰの柱の段落は何段落ですか。

子ども　2段落です。理由は1段落の問いの答えになっているからです。

教師　なぜ答えが柱になるのですか。

子ども　前文だと、問いや問題提示の段落が柱の段落になるんだけど、ここは本文だから問いに対してズバリと答えている段落が柱になります。

子ども　まだあります。3段落も「もう一つの理由は、国際的な協力の実現です。」と書かれていて、1段落の問いの答えになっているから、3段落も柱です。

教師　皆さんいいですか。では本文Ⅰは2段落と3段落が柱の段落で、1段落が問いの段落ということでいいですね。

(2) 2段落の文と文の論理関係を読み取る。

（分析）①文は「一つは、科学技術の進歩です。」と1段落の問いの「的中率は、どうして高くなったのでしょうか。」の答えになっている。したがって①文が柱の文である。しかし、⑦文を見てみると、⑦文にも「科学技術の進歩によって、より速く、正確に予想ができるようになったのです。」と書かれている。しかし⑦文には「観測機器やスーパーコンピュータの性能、情報を伝達する仕組みがすぐれたものになり」とも書かれており、これは②文から⑥文までを⑦文でまとめたものである。したがって⑦文は柱の文ではなく、2段落の柱の文は①文である。そして②文から⑥文までは例をあげて具体的な説明をしている。具体的には、②文と③文はアメダスの説明。④文は気象レーダーの説明。⑤文は海洋や気球、人工衛星の説明。それらの（②から⑤）の観測データが⑥文でスーパーコンピュータで処理されて、②文から⑥文までを⑦文で一度まとめているという論理関係になっているのである。

　下段に板書例を示す。

教師　2段落の文と文の関係を読み取ります。2段落の柱の文は何文ですか。

子ども　①文だと思います。1段落で「的中率はどうして高くなったのでしょうか。」と聞いて、その答えが①文の「一つは、科学技術の進歩です。」とはっきり答えが書かれているからです。

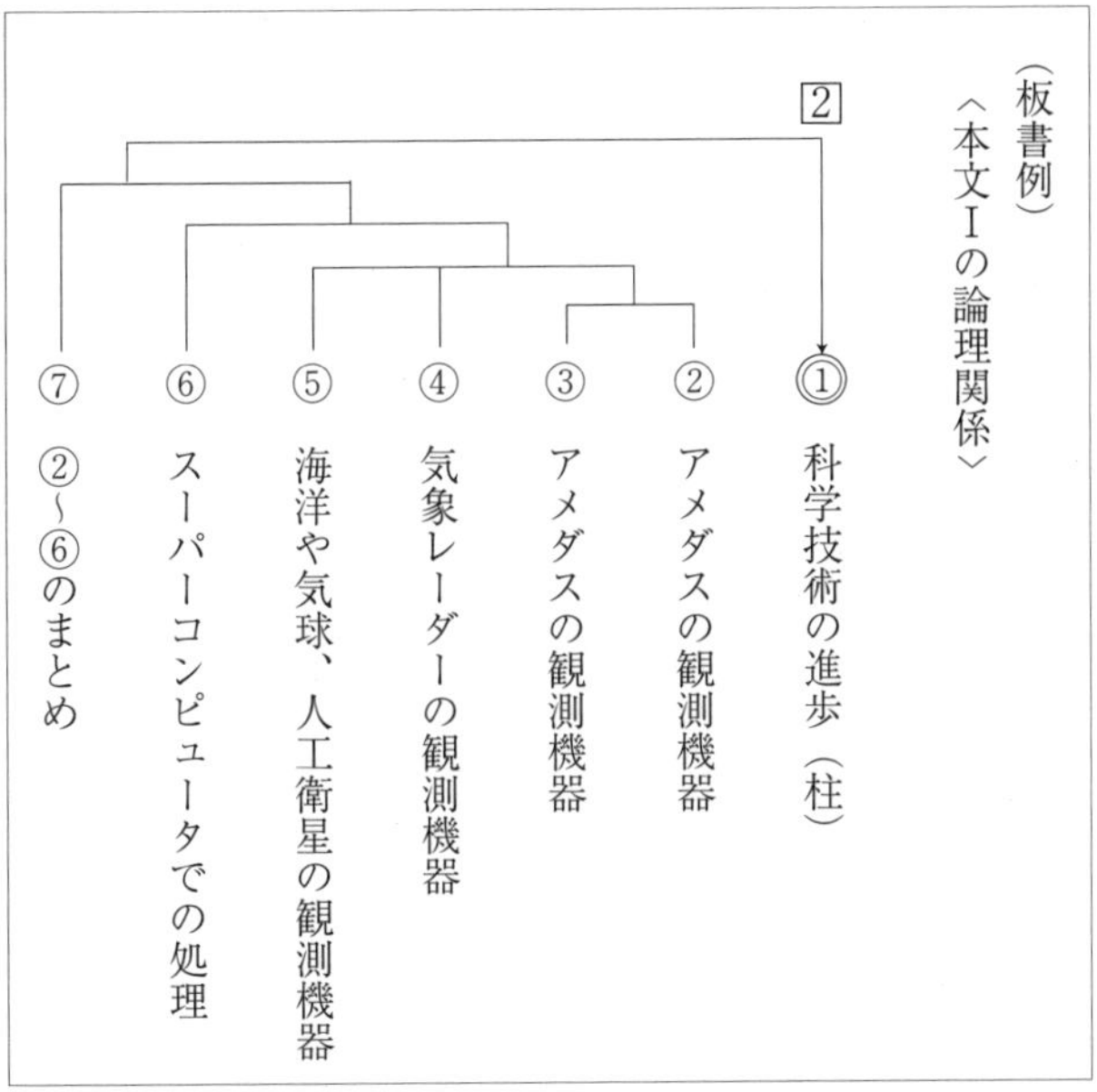

子ども　僕は、⑦文だと思います。⑦文には「科学技術の進歩によって、より速く、正確に予想ができるようになったのです。」と①文よりもより詳しく科学技術の進歩について書かれているからです。

子ども　柱の文は、詳しく書かれているところではなくて、大きくまとめているところだと勉強しました。だから⑦文は柱の文ではないと思います。

子ども　⑦文には、「科学技術の進歩によって、観測機器やスーパーコンピュータの性能、情報を伝達する仕組みがすぐれたものになり、より速く、正確に予想ができるようになったのです。」と書かれています。観測機器やスーパーコンピュータのことが書かれているのは、②文から⑥文までで、⑦文は②文から⑥文までのことをまとめているのだと思います。だからやっぱり①文が柱の文だと思います。

教師　①文が柱の文で、②文から⑥文までを⑦文でまとめているということでいいですか。納得ですか。

子ども　いいです。

教師　では、①文以外の文はどうなっていますか。

子ども　②文と③文はアメダスの説明が書かれています。

子ども　④文は気象レーダーの説明が書かれています。

子ども　⑤文は海洋や気球、人工衛星の説明です。

子ども　それらの（②から⑤）の観測データが⑥文でスーパーコンピュータに送られて、予想図が作成されると書かれています。

教師　②文から⑥文までの関係はどうなっていますか。

子ども　②③④⑤文が観測機器の具体的な例であり、その②③④⑤文の観測機器の情報が⑥文のスーパーコンピュータに送られて予想図が作られるということになっています。

教師　つまりどういうことですか。

子ども　つまり、②③④⑤文が具体的な観測機器の例で、⑥文がそれらの②③④⑤文を受けて、スーパーコンピュータに送られているということになります。

子ども　さらに、②③④⑤文と⑥文を⑦文でまとめているという関係になっていると思います。

教師　この2段落は少し難しいけど、①文が柱で、②③④⑤文が観測機器の具体的な例で、その四つの文が⑥文のコンピュータで処理され、さらに①②③④⑤⑥文を⑦文でとめているという関係になっています。

この授業では、まず1段落から3段落までの関係（つながり方）を読み取ることによって、段落と段落の論理関係を読み取る力を育てようとしたのである。また後半の2段落の①文から⑦文までの関係（つながり方）を読み取ることによって、文と文との論理関係を読み取る力を育てようとしたものである。そのことによって、文書を論理的に読み取る力が育ち、それは論理的な文章を書く力にも生かされるのである。

5　おわりに

論理関係を読み取る実践は確かに難しい。だから全部の文章の段落や文において指導しなければならないものではない。それは必ずしも文章全体が論理的に書かれているとは限らないからである。

論理関係を読み取るのに適切であると判断したところ（段落や文）の論理関係を読み取ればいいのだと考える。そうすることで子どもは少しずつ論理的に物事を考えることができるようになり、それは文章を書く力にもつながっていくのだと考える。

【説明的文章の教科内容の再構築】

7　説明的文章の吟味・評価についての「国語の力」を解明する

―「シカの『落穂拾い』」（辻大和）を使って

高橋喜代治（立教大学）

1　はじめに

「評価」の文言は学習指導要領では中学3年生になってはじめて「読むこと」に次のように登場する。

・目的や意図に応じ、文章の展開や表現の仕方などを評価しながら読む能力を身につけさせるとともに、読書を通して自己を向上させようとする態度を育てる（目標）

・文章を読み比べるなどして、構成や展開、表現の仕方について評価すること（自分の考えの形成及び交流）

「評価」が義務教育の最終学年に登場しているということは、「評価」が国語学習の最終段階に位置づけられているということをも意味する。小学校からの螺旋的、発展的な国語指導の完結となるということだ。

だが、この「評価」には弱点がある。どのような学習を螺旋的、発展的に積み上げていけば説明的な文章の評価ができるようになるのかという教科内容と系統性が不十分なのである。「事実と感想、意見などとの関係」（小5、6年）とか「文章全体と部分との関係、例示や描写の効果」（中2）などといった評価に関わる指導事項もあるが、不十分である。

2　吟味・評価は主体的読み手を生み出す

主体的な読み手を育てるためには、文章を吟味・評価する力が不可欠である。科学的「読み」の授業研究会では説明的文章の指導過程を〈構造よみ→論理よみ→吟味よみ〉として理論と実践を積み重ねてきた。三層目の吟味よみが、「吟味・評価」の学習にほぼ相当する。

吟味よみは、子どもを確かな読み手に育てる学習を目指す。そのためにはまず文章の事柄と論理をしっかり読み取ることが必要となる。だから、吟味よみは構造よみ、論理よみを丁寧に行った後の学習となる。そうしないと子どもたちからは「おもしろい」「つまらない」といった表面的な評価しか出てこない。

吟味よみは吟味、評価の学習だけにとどまらない。文章を吟味すれば、学び手は必然的に書かれた内容の真偽や事実との対応、論理の矛盾などに気がつくことになる。そして多くの疑問をもつ。だから、批判的な評価もおのずと出てくるし、不明な点や曖昧な事柄を調べたり、リライトなどの発展的な学習に向かったりする可能性が出てきて主体的な学びが生まれるのである。

3　説明的な文章の吟味・評価と教科内容

阿部昇は『文章吟味力を鍛える―教科書・メディア・総合の吟味』(二〇〇三年、明治図書)で、吟味の方法を次の六つに分類、整理し[1]下位に26の吟味の方法を設定している。

① 語彙、表現を吟味する。
② 「事実」の現実との対応を吟味する。
③ 「事実」の取捨選択を吟味する。
④ 根拠、解釈、推論を吟味する。
⑤ ことがら相互、推論相互の不整合を吟味する。
⑥ 表現、事実関係、推論などの裏にある考え方、ねらい、基準を吟味する。

阿部の吟味の方法などを参考にしながら、私は次のように二側面で説明的文章の吟味の方法を考えている。

《評価的吟味》
文章の述べ方（表現や論理展開）の良い点はないかという肯定的な観点で、その工夫などを分析的に読み取っていく学習である。筆者の述べ方や方法に即して次のような指標がある。

(1) 主として構造や論理展開に関すること
① 前文の導入の工夫
② 本文の論理展開や説明の仕方の工夫、段落の順序の工夫

③後文のまとめ方の工夫
(2)主として述べ方・表現に関すること
①文末表現の工夫
②比喩や対比、言い回しなどの工夫
③用語の工夫
(3)主として図表に関すること
①図、写真、表、挿絵の効果

《批判的吟味》

文章を読んで、おかしなところがないかどうかを、「ことがら」と「論理」の両面で批判的に吟味、評価していく読みである。ことがらの吟味は述べられていることがらの真偽を検討する。論理の吟味は、論理展開や説明の仕方を吟味する。次のような吟味の指標が考えられる。

(1)主としてことがらの吟味
①あやまりはないか
②あいまいさはないか
③不十分さはないか
(2)主として論理の吟味
①ことがらの選択は妥当か
②解釈は妥当か
③ズレ、不整合はないか

4 「シカの『落穂拾い』」を吟味・評価する

(1) 図表と文章の対応を吟味・評価する――その1

「シカの『落穂拾い』」(光村　中1)は、宮城県牡鹿半島沖の金華山のシカがサルの落とした木の実や花を採食する「落穂拾い」という不思議な採食行動の理由について、仮説を設定し推論した記録的要素を含む論説文である。根拠となるデータが図表で示されていて、本文の説明や論理展開との対応関係(不連続な文章)を吟味・評価するのに最適である。このような不連続な文章の説明的文章には、中学校教材では他に「月の起源を探る」(光村　中3)、「新しい博物学の時代」(教育出版　中3)などがある。

「シカの『落穂拾い』」は全16段落で構成されていて、三部構造は次のようになる。

前文　観察のきっかけ(第1段落～第5段落)
本文Ⅰ　観察結果とわかったこと(第6段落)
本文Ⅱ　2つの仮説提示(第7段落～第8段落)
本文Ⅲ　仮説の検証(第9段落～第13段落)
後文　考察(第14段落～第16段落)

シカの「落穂拾い」に興味をもった筆者は、その後フィールドノートに、「落穂拾い」の日時や採食した植物、シカの数などを記録しデータを作成する。第5段落と第6段落で、その観察項目と観察からわかったことが次のように述べられている。

> 「落ち穂拾い」に興味をもった私は、その後もシカの同様の行動を見かけるたびに、フィールドノートに次の項目を記録することにした。
>
> ・日時・場所・天気
> ・「落ち穂拾い」でシカが採食した植物
> ・「落ち穂拾い」をするシカの数
> ・その他、気づいたこと
>
> **観察からわかったこと**
>
> 二〇〇〇年から二〇〇五年までの合計三百日に及ぶ観察の中で、私が記録した「落ち穂拾い」の回数は四十七回に上る。集めた記録からわかったのは、次のようなことだ。
>
> ・「落ち穂拾い」は、三月から五月にかけての春に集中していた（図1）。
> ・「落ち穂拾い」で、シカは十六種二十二品目の植物を採食した。（表1）。
> ・「落ち穂拾い」をするシカの数は、一回当たり一頭から二十一頭とばらつきがあった。
> ・サルが樹上で採食するときには、途中で食べ飽きて枝を捨てることなどが多く、木の下には意外に多くの植物が落下していた。

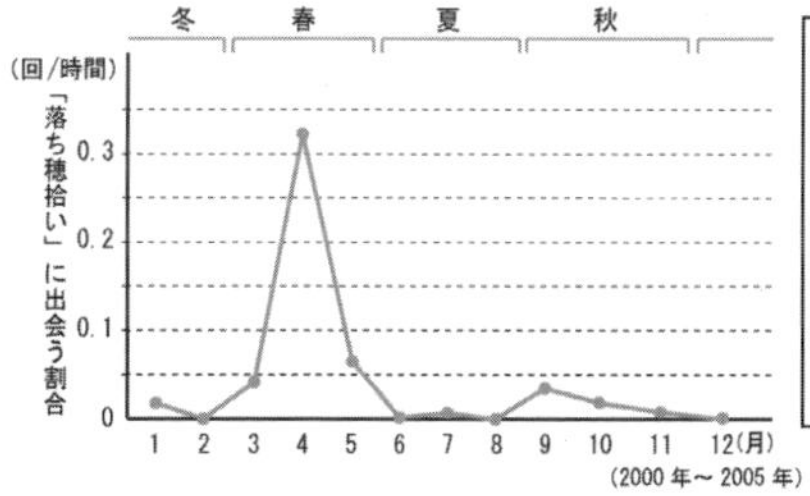

月ごとの「落ち穂拾い」の観察回数

1月	2回	(143.9時間中)
2月	0回	(117.3時間中)
3月	9回	(225.6時間中)
4月	6回	(18.7時間中)
5月	13回	(203.3時間中)
6月	0回	(92.3時間中)
⋮	⋮	⋮
12月	0回	(97.6時間中)

図1は「『落ち穂』拾いに出会う割合の変化」を示したもので、「月ごとの『落ち穂拾い』の観察回数」と「『落ち穂』拾い」に出会う割合」（折れ線グラフ）の二つで示してある。

「落ち穂」拾いに出会う割合というのは、「月ごとの『落ち穂拾い』の観察回数を、その月の観察時間で割った数値だ。だから、四月は1時間0・3回となり、一月は0・01回になる。このことを、第6段落では「『落ち穂拾い』は、三月から五月にかけての春に集中していた」と述べているのである。

《「落ち穂拾い」は春に集中していたという解釈は妥当か》

ところで、この観察からわかった「『落ち穂拾い』は三月から五月の春にかけて集中していた」という説明（解釈）は、図1の「月ごとの『落ち穂』拾いの割合の変化」に対応しているだろうか。この図1から、そのような解釈は成り立つのだろうか。先に示した批判的吟味の指標「解釈は妥当か」の観点である。この観点で吟味すると、次の疑問に突き当たる。

《観察時間数は違ってもよいか》

観察回数を見ると大幅な差がある。最も多い三月は225・6時間であるのに対して、最も少ない六月は92・3時間である。これでは「落ち穂拾い」の頻度が比較できないから、折れ線グラフが示すように、筆者は観察回数を観察時間数で割って、一時間当たりの「落ち穂拾い」の頻度を出したのである。こうすることで、三月から四月の春に「落ち穂拾い」が突出しているグラフが得られる。

だが、この平均値の出し方はこれでよいか。観察時間数は違っていてよいか。例えば、六月は時間数92・3時間で観察回数は0回、割合も0となっているが、五月と同じくらい長い時間をかけて観察をしていたら、「落ち穂拾い」に出会えていたかもしれない。また、四月は時間数18・7時間で観察回数は6回、出会う割合は0・3回で最多となっているが、観察時間を数倍にしても出会う回数は同じだったかもしれない。少なくとも、このような可能性を否定できないのではないか。

第5段落で筆者は「その後もシカの同様の行動を見かけるたびに」と述べている。このことは、この「落ち穂拾い」の観察が、彼の本来の研究であるサルの観察の余技であることを物語っている。さらに第3段落でも「いつものようにサルを観察していたときのことだ。」とも述べている。サルの観察のフィールドワークが本来の目的であるから、シカの「落ち穂拾い」の観察の時間はそのことに左右され、大きな違いができてしまったと推察できる。また、観察の時間帯もこれに準ずるはずだ。

《別の要因は考えられないか》

もう一つ、疑問が残る。この観察の場合、サルが採食していなければ、「落ち穂拾い」は成立しない。金華山のサルは海藻を餌にすることで知られている。サルたちが海に行ってワカメやコンブなどの海藻を食べるのである。その時期は餌の少なくなる冬と夏だといわれている。つまり夏と冬はサルが木の葉や花などの採食が少なくなりその結果、「落ち穂拾い」がこの時期に少なくなるという別の理由も無視できないのではないか。

《頭数のばらつきは無視してよいか》

さらに、「『落ち穂拾い』をするシカの数は、一回当たり一頭から二十一頭のばらつきがあった」と述べてあるが、この違いを同じ一回の回数に数えてよいかどうか。また、シカの個体別は問題にしなくてよいか。四月の六回の「落ち穂拾い」がまったく同じ一頭のシカであっても数としては六回であり、割合は最高値の０・３回である。

(2) 文と図表の対応を吟味、評価する――その2

「落穂拾い」が春に集中していることや、シカがわざわざサルのいる木の下に集まってくることなどの調査結果から、筆者はシカの「落穂拾い」の理由について次のような仮説を設定している。

一　春は、シカの本来の食物が不足している。

二　サルの落とす食物のほうが、栄養価が高い。

この仮説の論証過程を該当する文章と図表の関係を対象に「文章と図表は対応しているか」という指標で批判的に吟味・評価していく。先に掲げた批判的吟味の指標でいうと、論理の吟味の「ズレ、不整合はないか」に該当する。

ここでは、仮説の「②サルの落とす食物のほうが、栄養価が高い」について検証した第11段落、第12段落の文章と表2の対応について吟味・評価する。

第11段落と第12段落と、対応する表を次に示す。

栄養価を比較するために、シカが「落穂拾い」で採食した食物と、シカの本来の食物であるイネ科の草とを採集し、成分分析を行った。その結果、「落穂拾い」で採食した食物のほうが、一年を通して脂質やたんぱく質、炭水化物などが豊富で、食物にふくまれるエネルギーの量が多いことがわかった(表2)。

サルの落とす食物は、シカの本来の食物よりも栄養価が高いのである。

表2「落穂拾い」で採食した食物とシカの食物の栄養価の比較（100g当たりの平均値）

	落穂拾いで採食した食物	シカの本来の食物
エネルギー	444Kcal	306Kcal
脂質	4.1 g	1.1 g
タンパク質	12.3 g	8.4 g
炭水化物	80.8 g	61.0 g

表2のデータをもとに、第11段落で筆者は「落穂拾い」で採食した食物のほうが、一年を通して脂質やタンパク質、炭水化物」などが豊富で、食物にエネルギーの量が多いことがわかった」としている。そして第12段落で「サルの落とす食物は、シカの本来の食物よりも栄養価高いのである」と結論づけている。確かに、表2を見る限りそのとおりである。

《栄養価は平均化してよいか》

だが、なんだか変だと感じる。シカの「落穂拾い」は春の採食行動が問題になっていたのではなかったか。だから、「春は、シカの本来の食物が不足している」という仮説①の検証をしたのではなかったのか。それなのに、表2の栄養価の比較は「一年を通して」と、栄養価を平均化してしまっている。「栄養価が高い」ということを検証するなら、春の栄養価こそが検証されねばならないはずである。

この春の栄養価を類推できるデータが表1の「『落穂拾い』でシカが採食した植物」である。このデータによれば春（三月～五月）にシカが採食した植物はエノキ、オオモミジ等8種類のそれぞれの葉、つぼみ、冬芽、果実、花の10品目である。これに対して、秋（九月～十一月）はアカガシ、ウラジロなど9種類で、それぞれの堅果、果実、葉の10品目である。

注目すべきは、春の場合はほとんどが葉であるのに、秋ではほとんどが果実であることである。葉と果実では果実の方が栄養価が高いのではないだろうか。春の栄養価の特定なしの結論にやや論理のズレがある。

5　吟味・評価が興味を湧かせる

これまで、批判的な吟味について見てきたが、この教材では次のようにも楽しい学習が組める。

・「シカの『落ち穂拾い』」という不思議なタイトルについて。誰もが知っている「落ち穂拾い」という名画とどんなかかわりがあるのか、興味が湧いてくる。
・第1段落のドキュメンタリー的手法。宮城県→牡鹿半島からサル→シカへと見事な焦点化について。
・豊富な観察の記録（図表）の提示。視覚的であり、わかりやすく興味が湧く述べ方について。

6　吟味・評価は「読み」の本来の姿

これまでみてきたように、吟味、評価は図表の提示の仕方や信憑性、説明や論理展開との対応について検討し、その良し悪しについて評価していく学習である。さらに後文の考察についても、納得できるかどうか、読み手として態度表明をすることも有効な評価の学習である。

批判的吟味は、疑問を出したり批判したりするだけの場合もある。その場合は出された疑問点について調べ学習に発展させたり、リライトする学習を組んだりする場合もある。吟味・評価は「読む」という行為の主体的な本来の姿であると考える。

注

(1) 例えば、③事実の取捨選択を吟味する、の下位概念には「選ばれた事実は妥当か」「選ばれた事実に過剰・不足はないか」など四つの吟味の方法が示されている。

【古典と新聞・メディアの教科内容の再構築】

8　古典・伝統的言語文化についての「国語の力」を解明する
――『おくのほそ道』「旅立ち」「平泉」（松尾芭蕉）を使って

湯原　定男（岐阜県・多治見西高等学校）

1　はじめに

学習指導要領「伝統的な言語文化と国語の特質に関する事項」では「古典について解説した文章を読み、昔の人のものの見方や感じ方を知る」（小学校5年・6年）「歴史的背景などに注意して古典を読み、その世界に親しむこと。」（中学校3年）などが示されている。

古典を読むことで、「昔の人のものの見方や感じ方を知」り、「歴史的背景などに注意し」「その世界に親しむ」ことが達成すべきこととして掲げられている。当然それは、現代に生きる私たちとは「違うもの」というのが前提となっている。私たちが常識としているのとは違う「ものの見方・考え方」があり、それを生んだ「歴史的背景」を含めて理解することを求められている。現代と共通するものもあるが、違っているものを見落とさず、読み取っていくことが古典の教材研究ではより重要になる。

ただ、実際は表面上は同じように見えていることも多く、読み落としてしまうことも多いように思う。だからこそ古典は教材分析がより重要になってくる。これまで読み研では、古典においても現代文と同じように、一語一語にこだわりながら、じっくりと読み解いていくことを重視しながら読んできた。ただ、現代文と同じように読むというのは、「現代の文脈で読む」ことにもつながり、かえって誤った読みを生むのではという危惧もある。

今回、奥の細道における「旅立ち」と「平泉」を使って、二つのつながりを意識し「昔の人のものの見方」や

「歴史的背景」に注目して読むことで、より理解が深まっていくことを述べていきたい。以下、(1)(2)(3)のタイトルが「国語の力」つまり教科内容である。

2 「旅立ち」と「平泉」で歴史的文脈を押さえて読む

(1) 冒頭の文に着目して読む

中学校教材としての「旅立ち」「平泉」は古典学習のまとめてとして中学3年生の最後の教材（光村図書）として掲載されている。対句を多用し、和漢混淆文の要素を取り入れた、歯切れの良いリズムある文章となっており、それを音読し味わうこともできる。

そのうえで、私は冒頭の文に注目したい。

> 月日は百代の過客にして、行きかふ年もまた旅人なり

なぜ芭蕉は「予もいづれの年よりか、片雲の風にさそわれて……」からこの作品を始めなかったのだろうか。冒頭の一文は別段なくとも大きな問題とはならないのではないか。もちろんこれは古来いわれているように李白の「夫れ天地は万物の逆旅なり。光陰は百代の過客なり」によっているが、「月日」「年」という時の流れそのものを「旅」になぞらえているのはなぜか。「年月が旅するのと同じように自分も旅をする」というのを引き出すために、言っているともいえるが、どうも腑に落ちない。

そここそ、「平泉」を読むことによって、明確になってくる。結論をいってしまえば、「時の流れ」＝「時が旅をする」ことで、「人為はみごとに消え失せてしまうはかないものだ」ということ、またそれだからこそさまざまなものがいとおしい、のではないか。

それは「平泉」をその文脈で読んでみるとよくわかる。第Ⅰ行目「三代の栄耀は一睡の夢……」「夏草や兵どもの夢の跡」。まさに「時の流れ」に押し流され、どんなに努力を重ねても、人間の思うようにはならない、それが「平泉」で物語られる姿なのである。

つまり、実用上なくてもかまわないと思われる冒頭の一文は、大きなテーマを提示していると読むことができるのではないか。（もちろん授業においては、平泉において、この冒頭をふりかえることにはなるが。）

(2)「歌枕」という歴史的知識を前提にして読む

> 春立てる霞の空に、白河の関越えむと、そぞろ神のものにつきて心をくるはせ、道祖神の招きにあひて取るもの手につかず、股引《ももひき》の破れをつづり、笠の緒付けかへて、三里に灸すゆるより、松島の月まづ心にかかりて　（傍線、湯原）

白河の関は、今の福島県白河市にあった関所であり、古来著名な「歌枕」である。とはいえ白河の関は、芭蕉が旅した頃には、すでに往事を物語るものは残存しなかったらしい。松島も奥州随一の景勝地として、また歌枕としてまた月を読んだ歌が多いと知られている。

さて、「歌枕」とは、広辞苑（第六版）によれば「古歌に詠みこまれた諸国の名所」のことだ。「古歌」とはもちろん平安朝を中心に詠まれた歌のことである。「歌枕」とは、王朝から中世にかけて和歌に詠まれることで知られるようになった名所のことである。

芭蕉はここで旅の目的を「白河」「松島」に代表される歌枕をあげている。考えてみれば、一七世紀末に生きる芭蕉にとって、王朝文化の代表である和歌につながる歌枕の地をめぐるというのは、古人の足跡を追うということだけでなく、王朝文化を感じる旅にしたいということでもある。

芭蕉が住む江戸は新しい都市であり、武士と町人の都市である。歌枕が詠まれる歌は、芭蕉にとっても「古典」であった。みちのく＝奥州は、辺境の地であり、歌枕も非常に多い地でもあった。「白河の関越えむ」とは、そうした「歌枕」への旅への宣言だったと考えられる。

「奥の細道」の旅が、単なる名所旧跡を巡るという物見遊山的なものではなく、「歌枕、そして王朝文化を求めての旅」という側面を明確にしておくことが重要だ。

(3) 冒頭や歴史的知識を関連づけて読む

そう考えて初めて「平泉」のもつ位置づけもはっきりしてくる。平泉は「おくのほそ道」の行程表を見れば最北端に位置する。みちのくの旅の最終目的地ともいえる。

> 三代の栄耀一睡のうちにして

なぜ平泉の冒頭は「三代の栄耀」なのか。それは藤原三代が、平安朝文化をこの平泉に展開しようとしてきた人たちであるから。そして、芭蕉の敬愛する義経つまり「義経記」の世界の登場人物でもあるからだ。

また、「三代の栄耀一睡のうちにして」（次に続く「大門の跡は一里こなたにあり」は文脈の上で、直接結びつかない）の後に省略されているのは、「今ははかなく消え去っており」とでもいうべき内容だろう。これこそ「旅立ち」の冒頭「月日は百代の過客にして、行きかふ年もまた旅人なり」の世界である。「月日」「年」は、あっという間に過ぎ去り、「人間の行為全てを押し流す」とでもいうべき、平泉の主題がそこには表現されている。

こうした「旅立ち」「平泉」を結びつけて読み取っていく力が作品を深く読みとる上で、重要だといえよう。

3 作品の細部の形象を読み取る力

(1) 繰り返される語句「跡」の形象を読み取る

もちろん作品を読む上では、一つ一つの言葉や文の形象を読み取ることが必要なことはいうまでもない。

> 三代の栄耀一睡のうちにして、大門の跡は一里こなたにあり。秀衡が跡は田野になりて、金鶏山のみ形を残す。

「三代の栄耀一睡のうちにして」は、先ほど述べたように「消え去ってしまっており」などと補わないと未完である。「大門の跡」「秀衡が跡」の「跡」とは「以前物のあったところ」（広辞苑）。ということは、現在は「大門」＝「平泉館の総門」や「秀衡の館」は「存在しない」ということでもある。書いてあるけれども、それは存在しないということだ。

(2) 対比から描かれた形象を読み取る

存在するのは「秀衡の館」ではなく、「田野」そして、「金鶏山」のみ。この対比関係を読み取る。そして、それらの形象の共通性「人為」や「自然」を読み取る。

> 「三代の栄耀」「大門」「秀衡（の館）」＝人為＝消滅
> **対比** ←→
> 「田野」「金鶏山」＝自然＝存在

> まづ、高館に登れば、北上川南部より流るる大河なり。衣川は、和泉が城をめぐりて、高館の下にて大河に落ち入る。（中略）さても義臣すぐつてこの城にこもり、功名一時の草むらとなる。

この部分も現実とイメージの世界との対照性が明確である。「高館」にのぼって見えるのは、「北上川」であり「衣川」。それらはまさに「自然」そのもの。もちろんそれは古い時代から延々と変わらず流れてきたものだ。それに対し「和泉が城（の跡）」は見えるが、それは「イメージの世界」。芭蕉はそれを心の目で見て言葉に定着する。

「高館」「和泉が城」が現実ではない証拠はどこにあるか。それは「草むらとなる」という言葉。人為が時間の流れに押し流されてすべて自然にもどっている「草むら」。これから読み取ることができる。「功名一時の草むらとなる」は冒頭の「三代の栄耀一睡のうちにして」と、さらには、「旅立ちの」冒頭と重なって、人為の無常さが伝わってくる。

こうして「冒頭に注目」「歌枕という歴史的知識と結びつける」「繰り返される語の形象を読む」「対比から形象を読む」ことで、芭蕉は現実の世界を旅するだけでなく、想像の世界、心の世界をとおしてみちのくの旅をしていることを読み取ることができる。

4 「夏草や兵《つわもの》どもが夢の跡」をよむ

(1) まずは切れ目を見つけその変化をよむ

詩や短歌俳句などの韻文は一番大きな切れ目を見つけその変化を読み取る。切れ字がある場合はそれが切れ目である。読む手がかりとなることが多い。

この俳句は、「夏草や／兵どもが夢の跡」となる。「平泉」の地の文で展開された、「現実の世界」と「イメージの世界」の二重の世界がそのまま反映している。

> 夏草や＝眼前の世界、現実の世界・現在・自然。
> 兵どもが夢の跡＝心で見ている世界、イメージの世界
> 過去の世界。人為。

(2) 形象を肯定・否定の両面からよむ

切れ字「や」があることからも、感動の中心は「夏草」である。「夏草」の形象を肯定的・否定的の両面から読む。

肯定的によめば、勢い盛んな夏草、生い茂っていて、生命力にあふれる夏草となる。自然の勢いを感じさせる。

この読みからは、自然の生命力と対比した、兵どものはかなさをより一層きわだたせることになる。また、毎

年毎年繰り返し生命力を保ってきた自然の永続性・永遠性との対比で人為のはかなさという読みも可能だ。

一方、否定的によめば、そんな勢いのある夏草も「今だけ」であって、いずれ枯れ草となり、命が消えていく実ははかない存在ともいえる。兵どもの「はかなさ」の象徴として「夏草」をよむことができるのだ。

(3) 形象を時・場に注目し正確に読む

ところで、「夏草」とあるが、芭蕉が平泉を訪れたのはいつだろうか。おくのほそ道によれば旧暦五月十三日と予想される。現在の六月二九日だという。しかも場所は東北岩手県。とすれば、この「夏草」は、いままさに伸びようとする若々しい生命力あふれる草であったといえるのではないか。真夏の伸びた草ではない。

とすれば、自然の生き生きとした若々しい生命力を眼前にして、「つはもの」という、とくに武芸に優れ、鍛えられた肉体をもち、「義」に生きるという人間として全力で生きたことも、消え去っていくというはかなさ、むなしさが、より一層芭蕉の胸に去来したに違いない。それが、芭蕉をして鎮魂の思いと哀惜の念となって、この一句を生んだとよむことができる。

5 おわりに

「おくのほそ道」は、決してやさしい教材ではない。それは芭蕉のもっている文化的な背景（「歌枕」「義経」「藤原三代」などの知識や俳諧のある程度の知識）を明確にしないと読み取れないからだ。それらが分かったとき、見えてくるものは大きい。古典は現代文と同じように、深めてよむことができるが、こうした文化的背景をも触れさせ理解させることも古典の授業だと考えられる。

【古典と新聞・メディアの教科内容の再構築】

9　新聞・メディアについての「国語の力」を解明する

――社会面の記事と投書記事を使った小論文（意見文）の作成

鈴野高志（茨城県・茗溪学園中学校高等学校）

1　新聞・メディアを用いて身につけさせたい力とは

現行の『学習指導要領』「読むこと」「書くこと」の事項には、以下のような記述がある。

目的に応じて、文章の内容を的確に押さえて要旨をとらえたり、事実と感想、意見などとの関係を押さえ、自分の考えを明確にしながら読んだりすること。

（小学校5・6年「読むこと」）

自分の考えを明確に表現するため、文章全体の構成の効果を考えること。／事実と感想、意見などとを区別するとともに、目的や意図に応じて簡単に書いたり詳しく書いたりすること。

（同「書くこと」）

伝えたい事実や事柄について、自分の考えや気持ちを根拠を明確にして書くこと。

（中学1年「書くこと」）

多様な考えができる事柄について、立場を決めて意見を述べる文章を書くこと。

（中学2年「書くこと」の言語活動例）

右の『学習指導要領』で志向されているのは、「事実をしっかりとらえた上で、自分自身の立場を決め、根拠を明確にしながら意見を述べる力」の育成である。

本稿では、新聞の社会面で報道された記事と、その記事に書かれた出来事に対する、読者からの異なる立場の投書を用いた小論文指導の実践を報告する。

一連の指導において、私がとくに子どもたちにつけたいと考えた「国語の力」とは、次のようなものである。

①新聞記事に書かれている「事実」に対し、異なる立場（賛成・反対）の意見文を読み比べ、中心となっている論点、それぞれの主張の相違点及び根拠を読み取る力
②「事実」に対する自分自身の賛否の立場を決め、文章構成を考えて、根拠を明確にしながら意見を述べる力

2 題材について

今回用いたのは、すでに十年近く前のものになるが、東武鉄道の運転士が自分の小さな子どもを勤務中の車両の運転室に入れ、一駅の区間走行してしまい、そのことで東武鉄道が当該運転士を解雇した、という出来事（二〇〇五年十一月）についての取材記事及び読者からの投書である（本稿最終ページにコピーを掲載した）。結果として大きな事故にはつながらなかったが、折しも同じ年の春にJR福知山線（俗称では「宝塚線」とも）の脱線事故があったその直後だっただけに、運転士の行動や「解雇」という会社側からの処分を巡ってさまざまなメディアで物議が醸し出された。

意見文や小論文の入門期の指導には、できるだけ賛否がはっきり分かれるものを題材とするのがよい。立場の異なる二つの意見を参考にしつつ、子どもたち自身が自分としてはどちらの立場を支持するかを決め、それをはっきり提示した上で根拠を述べていく、という意見文・小論文の典型パターンを教えるのに適しているからである。対象は中学3年生。今後の進路についても少しずつ考え始める学年であり、そういう意味で社会的事象への関心も高くなる年頃である。

3 実際に小論文を書く

授業ではまず、二〇〇五年十一月十日付の新聞記事を子どもたちに読ませ、この出来事の概要をつかませた。

次に、二つの投書記事を読み上げ、元の記事及び投書記事の中に出てくる「懲戒解雇」「隠蔽体質」等の難語句を指摘させ、意味を確認した。

また、投書記事についてはそれらが、説明的文章の授業で学んできた「前文」「本文」「後文」の構成で書かれていること、「前文」に相当する部分でまず自分の立場

（東武鉄道の方針に対する賛否）をはっきり述べていること、元の記事を引用しつつ賛否の根拠を述べている部分があること、「賛成」の立場で書かれている文章でも、「確かに〜」と「運転士」の心情に一定の理解を示しつつ、「でも〜」と批判する、いわゆる「譲歩の論法」が用いられていること――などに注目し、自分が小論文を作成するさいも、それらの方法を意識しながら書くように指示した。

さらに実際に書くにあたり、文体については常体・敬体どちらでもかまわないこと、男子の一人称は「ぼく」でもよいが、そろそろ「私」で書くことにもチャレンジしてほしいことなどを付け加えて、文章作成に取り組ませた（字数は「六百字前後」とした）。

冒頭の表現に困って書き始められない子どもに対しては一文目を「私は、東武鉄道が運転士を解雇した措置について賛成（反対）である。」とするように指示した。

4　子どもたちの作品例

投書記事はどちらも一定の説得力がある文章のため、解雇に賛成、反対のどちらの立場で書いたらよいかについて迷っていた子どもが何人かいたが、それでも開始から十五分ほどすると、それぞれ黙々と書き進める状況が作りだせていた。

それぞれの作品に対しては、時間と手間はかなりかかったが、構成や表現について添削をし、後日返却した。

また、優秀な作品はこちらで活字に打ち直し、クラスで配布するとともに、説得力のある意見文を書くためのポイントを共有するために用いた。以下A・Bは、「優秀」と判断した実際の二作品である。（傍線や囲みはいずれも鈴野による。）

【A】

人の命を預かる仕事に対して、軽い処分などはありえないと私は考えます。だから私は今回の東武鉄道がとった措置については賛成です。

謹慎処分と減給の上で教育を徹底し、職場に戻すという措置では、「問題を起こしてしまってもその処分さえ受ければ解雇されることはない。」という甘えになってしまうのではないでしょうか。そしてその甘えが、多くの人の命を失わせるような大事故へつながると私は思うのです。

子供は、一度は父親の働く姿を見てみたいと思うし、母親も見せてあげたいと思うものです。それが電車の運転士となれば、三歳の子供にとって父はあこがれの存在になるのだと思います。しかし、そこで息子が父親の姿を見に来て騒いでも、仕事中は仕事の事だけを考え、プライベートと仕事を割り切らなくてはいけません。ましてや多くの乗客の命を預かっているとなると、なおさらそんなことは考えられないはずです。このように考えると、運転士にはその自覚が足りなかったのかもしれません。

また、騒いだ息子をなぜ母親は叱らなかったのか疑問に感じます。夫の仕事への理解があれば、また人の命を預かる仕事だという認識があれば、子供が泣こうがわめこうが仕事に支障をきたすような行為をやめさせることができたはずです。

子供へのしつけ、そして夫の仕事への理解に欠けていた母に一番問題があるのではないでしょうか。

今回の事件は大事故にはつながりませんでしたが、少しでも間違えれば多くの人の命を失いかねません。人の命を預かっているという責任の重さを、社員だけでなくその家族も深く理解してあげることが必要だと改めて感じた事件でした。

【B】

私は、運転士を懲戒解雇した東武鉄道の判断には反対である。確かに、三歳の子どもを運転室に乗せて運行していたことには問題があるが、解雇はいささか厳しすぎるのではないか。

記事によると、長男を入れたまま運行した理由の一つとして運転士は「運行を遅らせるわけにはいかないと思った。」と話している。この言葉は、先のＪＲ宝塚線の脱線事故を連想させる。あの事故も、原因の一つとして特に運行時間についての厳しすぎる社員への教育があったと言われている。今回の処分もそれにつながりはしないだろうか。

確かに、今回は何も起こらなかったから良かったものの、運転中に、しかも三歳の子どもを運転室に入れるなどということは言語道断であり、厳罰はやむを得まい。しかし運転士の事情も、もっと考慮されるべきなのではないかと私は思う。

運転士に悪意は感じられず、やむを得ない行動だったとも言える。それに三歳の子どもや妻のいる運転士をそう簡単に解雇していいのか。それよりも今回の事件の背景を調べ、なぜこういうことが起きてしまったのかを調べてからの処罰でも遅くはないし、そうすべきではないだろうか。

今回の鉄道会社の判断は、社会向けという気がしてならない。度重なる不祥事に判断を誤ってはいないだろうか。私にはこの処分はあまりに厳しすぎるように感じられる。

5 子どもたちが学んだこと

二人の子どもによる作品を配布し、鑑賞させる中で、このような意見文を書くために効果的な方法として、次の四点を強調した。これらは今回取り上げた題材に限らず、今後も立場をはっきりさせて文章を作成するさいに効果を発揮する、子どもたちの確実な国語の「力」となったはずである。

(1)「賛否」のような形で意見を示す文章では、「前文」に相当する部分ではっきり自分の立場を提示して「本文」を書きだすのがよい。読者も筆者の立場がどちらか意識しながら根拠を確認できるからである(【A】【B】冒頭の傍線部参照)。

(2)自分がとくに論点として取り上げたい部分については、記事から直接引用するのが効果的である。「実際に書かれていること」ほど書き手にも読み手にも明確なものはないからである(【B】の二重線部参照)。

(3)自分と反対の立場の論を一定程度認めておいて、「しかし」という形で反論を述べる「譲歩の論法」は大変効果的である。その論法自体が、「相手の立場、主張もわかった上で意見を述べている」というメタメッセージとなり、説得力が増すからである(【A】【B】四角囲み部分。「しかし」の前後参照)。

(4)「後文」に相当する部分では、取り上げている出来事の全体を改めて振り返るような書き出しから、もう一度自分の主張を繰り返して文章を終えるとよい。読者に、文章として一貫性があり、まとまった印象を与えるからである(【A】【B】最後の段落参照)。

注

（1）読み研方式による説明的文章の「構造よみ」では、文章全体を「前文」「本文」「後文」の三部構造（構成）ととらえる。筆者の勤務校でもその読み方を採用している。

運転席に3歳長男入ったまま 次駅まで運行、運転士解雇へ

東武鉄道

埼玉県内の東武野田線の普通電車で今月1日、運転室に、30歳代の運転士の長男(3)が入り込んだのに、そのまま運転を続けていたことがわかった。東武鉄道は重大な規則違反だとして、運転士を懲戒解雇する方針だ。

東武鉄道によると、1日午前の大宮発柏行き普通電車（6両編成）。先頭車両に運転士の妻が長男ら子供2人を連れて乗っていた。埼玉県春日部市内の南桜井駅に停車した際、運転士が客室側の扉を開けたところ、長男が入り込んだが、そのまま出発。隣駅の川間駅で、再び扉を開けて、長男を妻に戻したという。

社内調査に、運転士は「長男が扉をたたいていたので、注意しようと扉を開けた。追い出そうとしたが、泣いてしゃがみ込んでしまった」と説明。運転装置には触らせていないという。

東武鉄道の内規は、運転中に第三者を運転室に入れることを禁じている。

2005年11月10日 『朝日新聞』朝刊

運転士の解雇 かえって心配

会社員 [redacted]（[redacted]57歳）

東武野田線の電車を運転中の運転士が、3歳の長男を乗務員室に入れたとして、東武鉄道から懲戒解雇された（16日朝刊）。同じ東武の伊勢崎線の利用者として他人事ではないが、ここまで厳しい処分をすべきなのかと疑問だ。

記事によれば、妻に連れられて先頭車両に乗っていた長男が乗務員室の扉をたたいたので、運転士は注意しようと扉を開けた。長男が乗務員室に入り込み、泣いてしゃがみ込んだ。運転士に悪意は感じられず、成り行きで仕方なかったとさえ読める。

想像だが、会社は伊勢崎線で起きた踏切事故や、JR西日本・宝塚線の脱線事故が念頭にあり、社会の風圧を恐れたのではないか。

私は会社で部長職を務める。工場では小さな問題が時折起きる。一つひとつ厳しく罰すれば、社員は報告を伏せ、隠蔽《いんぺい》体質がはびこるのではないか。そして、いつか大事故に結びつかないか、とかえって心配だ。

解雇処分で職場は萎縮《いしゅく》するだろう。問題意識の共有につながるだろうか。私だったら、謹慎と減給処分の上で教育を徹底し、職場に戻したい。

客の命預かる自覚があれば

主婦 [redacted]（[redacted]46歳）

乗務員室に長男を入れた運転士を解雇した東武鉄道の判断は、妥当だと思います。乗務員室に第三者を入れる行為は、東武が言うように「重大な規則違反」だからです（16日朝刊）。

幸いにも事故には至りませんでした。でも3歳の子供が不意にどんな動きをするのか分からず、計器に触れないとは断言できません。運行に支障なく、電車に遅れも出なかったからといって、処分を軽くしていいのでしょうか。

運転士は大勢の乗客の命を預かっていることを片時も忘れてはなりません。JR西日本の大事故が起きたばかりではありませんか。

確かに、父親の働く姿を子供に見せたくなる心境は分かります。でも3歳の子供にとって、父親が仕事をしていようがいまいが、その姿を見つけたら、おとなしくしていろと言うのは難しいでしょう。

詳しい事情は分かりませんが、父親の姿が見える先頭車両に乗せるべきではありませんでした。また、子供が騒ぎ出した時、母親は電車から降ろすべきだったと思います。そうしなかったのは、夫への仕事への理解が足りないから、と言われても仕方ありません。

投書はいずれも、2005年11月18日
『朝日新聞』「声」欄より

【「単元を貫く言語活動」をどう考えるか】その1

1　「単元を貫く言語活動」では、言語の力は育たない！

加藤郁夫（京都府・立命館宇治中学校・高等学校）

「国語科は、何を教え、どのような力をつけるかが曖昧な教科である」という思いを、私はこれまでもち続けてきた。だからこそ、私たち国語教師は、国語で何を教えているのか、どのような力を子どもたちにつけようとしているのかに、意識的でなければならないと考えてきた。

学習指導要領が「言語活動の充実」を掲げることは評価できる。しかし、現場での実践の有り様をみていると必ずしも喜んでばかりはいられない。国語科における「言語活動」を、「言語」ではなく、「活動」に重きを置いて実践している例が多く見られるからである。国語科は、何よりも子どもたちの母語である日本語の力を鍛える教科でなくてはならない。日本語という言語を教えることに真正面から取り組むのが国語科なのである。つまり、国語の授業そのものが言語を扱った活動といえるのだ。そのことをきちんと認識していないと、何か事新しく「言語活動」を設定しないとまずいのではないか、「言語活動」を充実させるためにこれまでとは違ったことをする必要があるのではないか、そのような焦りに似た気持ちに教師が追い込まれてしまう。

私たち科学的「読み」の授業研究会は、創立以来「読み方」を中心として国語科の教科内容を明確なものにするための研究・実践を積み重ねてきた。しかし、国語教育全体としては、何を教えるかが人により様々に異なっている現状がまだまだ多く存在している。

「単元を貫く言語活動」は、「言語活動」をわかりやすく位置づけてくれる。教師にとっては、何をやったらよいか、どうやったら「言語活動」に取り組めるかを「明確に」示してくれる。しかし、問題はそれが本当に子どもたちの言語の力を鍛えるものになっているのかという点である。

1　国語における系統性の軽視

今回の学習指導要領解説は、「学習の系統性の重視」をいい、次のように述べている。

国語科の指導内容は、系統的・段階的に上の学年につながっていくとともに、螺旋的・反復的に繰り返しながら学習し、能力の定着を図ることを基本としている。

教科の系統性に触れながら、国語の力の向上が螺旋的なものであることを述べ、国語という教科の特性を的確にとらえている。

「単元を貫く言語活動」は、それぞれの単元でどのような力をつけていくかを構想する。しかし、その根底に国語科としてどのような力をつけていくのか、言い換えれば国語科での教科内容とその系統性がどれだけ意識されているかが問われなくてはならない。「単元を貫く言語活動」の実践をみる限り、学習における系統性への弱さを私は感じる。「いろいろなふね」の実践事例でそのことを見てみよう。以下の「単元を貫く言語活動」に関わる引用はすべて、水戸部修治編著『「単元を貫く言語活動」授業づくり徹底解説&実践事例24』（明治図書・二〇一三年）に基づく。

ここでは「大好きな乗り物のことを『のりものずかん』で説明し合う活動を単元を貫いて設定する」とある。したがって「この活動を通して付けたい力は、本の題名や目次を利用して乗り物をさがす力、写真と文を合わせて必要な情報を読む力、文章の中の大事な言葉や文を書き抜く力である」と述べられる。

はじめから「のりものずかん」を作ることが設定されているから、確かにその単元で何をするのかは子どもたちにとってもわかりやすい。しかし、すべてが「のりものずかん」の作成へと向かっていくため、文章の読解は「のりものずかん」を作るために読むことになってしまう。したがって全8時間の指導過程のどこにおいても、文章構成に目を向ける指導は位置づけられていない。

「いろいろなふね」は東京書籍の小学1年生下の教材であり、「はじめ―なか―おわり」の三部構成がわかりやすいものである。説明的文章の読解では、低学年段階から構成をきちんと意識させていくことが重要である。構成を意識するということは、その文章が、何について、どのようなことを述べているのかを読みとることである。文章の方向性をつかむことといってよい。

三部構成を意識することで、文章を大づかみする力がついていく。それを1年生から教え、2年生、3年生と重ねて指導していくことが、系統的な指導となるのである。子どもたちにとっては、1年生から繰り返し学ぶことで、構成に対して意識的になり、理解も少しずつ深くなっていく。それが「螺旋的」な学びなのである。

学習指導要領解説では小学校1・2年生の説明的文章の読みについて次のように述べている。

「時間的な順序や事柄の順序など」とは、時間の順序や、例えば、事物の作り方の手順など文章に取り上げられた話題自体に内在する事柄の順序などに加え、どのように文章を構成しているかという文章表現上の順序なども意味する。そのような順序に沿って「内容の大体を読」んで理解することが重要である。（傍線・加藤）

様々な教材を通して、繰り返し学んでいくことで、「はじめ―なか―おわり」という説明文の構成が子どもたちのものとなっていく。まさに「螺旋的・反復的に繰り返しながら学習し」ていくことで「能力の定着」が図られていくのである。それだけに、典型的な三部構成をもっている教材で、「はじめ―なか―おわり」の構成を教えないことは、その後につながる説明的文章の系統的な指導をまったく展望していないことにもなる。

これは何も「いろいろなふね」の実践だけではない。同じ東京書籍の「ビーバーの大工事」「もうどう犬の訓練」の実践を見ても、同じ傾向が見てとれるのである。

「ビーバーの大工事」の指導過程においても文章構成に着目させる過程は存在していない。「どうぶつのひみつ紙しばい」づくりにむけて、その参考として「ビーバーの大工事」の読み取りが行われるのである。まして一年生の「いろいろなふね」の読解と、どのようにつながっているのかといった指導観点は欠落している。

「もうどう犬の訓練」では第二次の第7時で「『はじめ』『おわり』の働きをとらえ、自分の紹介文の組み立てに生かす」と文章の構成に着目している。しかし「はたらく犬しょうかい文」を書くことが「言語活動」として位置づけられているために、「はじめ」や「おわり」のもつ意味を理解させていくという観点は弱いままである。

「単元を貫く言語活動」においては、最終段階に設定される「言語活動」にむけて授業が組まれるがゆえに、単元としての一貫性はわかりやすい。しかしそのことが、国語教育としての系統性（この場合は説明的文章の構成を指導する点においての）をスポイルしてしまっている。最後に位置づけられる言語活動に焦点化するあまり、構成の読み取りにほとんど目が向けられないのである。「のりものずかん」「どうぶつのひみつ紙しばい」「はたらく犬しょうかい文」といった活動はできる。しかし、説明文を読み取る力は系統的に指導されていかず、子どもたちの中にその力は積み上げられていかないのである。

2　ことばを読む力を育てているか？

水戸部は、「単元を貫く言語活動」は、「子ども自らが目的を明確にして、言葉の力を身に付けるための、課題解決の過程を構築すること」と述べる。子ども自身が主体的に思考し、判断できるようにしていくことが今求められていることには異論はない。しかし、「単元を貫く言語活動」では、子どもにまかせてしまうことで、結果的にはことばを読む力をつけようとしていない。

先の「いろいろなふね」の実践例では、「のりものずかん」を作る活動が、初めに子どもたちに示される。したがって、子どもが説明したい乗り物を説明するための形を教材文に求めていくことになる。「～があって、～ができる」という言い方で表現させ、自分が紹介したい乗り物をその形に当てはめて紹介することへと向かう。ここでは、教材の読み取りは、説明するための素材でしかない。したがって、説明の形がわかれば、それで読み取りは終わってしまう。教材文がもっている表現の工夫や違いに目を向けさせることへはつながっていかないのである。先に「のりものずかん」ありきだからである。

「いろいろなふね」ではきゃくせん・フェリーボート・ぎょせん・しょうぼうていの四つの船を紹介している。しかし、船の説明は四つとも同じではない。きゃくせん・フェリーボートでは、「〜きゃくしつやしょくどうがあります。」「〜きゃくしつや車をとめておくところがあります。」と船のつくりを述べている。それに対してぎょせん・しょうぼうていでは、「〜さかなのむれをみつけるきかいや、あみをつんでいます。」「〜ポンプやホースをつんでいます。」と船が積んでいるものについて述べている。そのような述べ方の違いに気づかせ、その違いを考えていくことが読解の指導としては重要になる。さらに、きゃくせん・フェリーボート・ぎょせん・しょうぼうていの順序で述べている意味はどこにあるのだろうか。「のりものずかん」を作るためであれば、右のような述べる順序は問題とはならない。「のりものずかん」を作る子どもにとり、自分はどんな乗り物について書くのかに関心がある。どのような順序で述べるかは、「のりものずかん」の課題とはならないため、子どもたちの関心の向かうところとはならない。結果的に文章の表現の違いや述べ方の工夫に気づかせたり、その意味や効果を考えていくことにつながらない。

「お手紙」の授業では、「お話のお気に入りのところをペープサートで紹介する」活動が位置づけられる。ここでも「お気に入り」とあるように、子どもの主体性が尊重されるようには見える。しかし、それゆえに作品を深く読ませることに向かっていかないのである。自分の気に入ったところでよいのだから、作品の仕掛けやおもしろさを読み解くことには向かわない。かえるくんは、なぜお手紙を自分で届けなかったんだろうか。文面のわかっているお手紙を、なぜ二人は「しあわせな気もちで」四日間も待っていたのだろうか。……「お手紙」には、普通に考えるとおかしな展開がいくつもある。そのような箇所に目を向け、その意味を考えていくことで、物語を深く読む力がついていく。

私は「のりものずかん」や「ペープサート」を全否定しているわけではない。「単元を貫」こうとするから、かえって教材文から離れてしまうのである。「言語活動」を標榜しながら、結果的に読み取りを軽視してしまうことにもなるのである。「いろいろなふね」の文章の工夫をきちんと読み取っていく中で、その表現を用いて「のりものずかん」の作成へと発展させていけばよいのである。疑問に思った箇所のなぞを考えていくことを通して、ペープサートの活動につなげることもできるのである。

はじめから「のりものずかん」や「ペープサート」を目標に掲げ、そのための読解を位置づけるから、読み取りがいいかげんになるのである。

3 「言語活動」の捉え方の狭さに問題がある

「リーフレット」や「のりものずかん」を作る活動は、確かにはっきりと目に見える活動であるし、その結果も目に見えるものとなる。しかし、言語活動をそのようなわかりやすさだけに限定してとらえてしまうと、言語活動の本質を見誤ってしまう。指導要領の解説では「言語活動の充実」について次のように述べている。

基礎的・基本的な知識・技能を活用して課題を探究することのできる国語の能力を身に付けることができるよう、内容の(2)に日常生活に必要とされる記録、説明、報告、紹介、感想、討論などの言語活動を具体的に例示している。学校や児童の実態に応じて、様々な言語活動を工夫し、その充実を図っていくことが重要である。なお、例示のため、これらのすべてを行わなければならないものではなく、それ以外の言語活動を取り上げることも考えられる。（傍線・加藤）

すでに述べたように、国語科は母語である日本語を学ぶ教科であり、その意味では国語科の活動はすべて言語活動となり得るものである。文章の読み取り自体が言語の活動なのである。重要なことは、教材文に根拠をもった活動になっているかということである。

指導要領の解説が述べているように言語活動の内実は多様である。例示されていることにこだわる必要もなければ、そこに縛られる理由もない。言語活動を目に見えるもの、形としてとらえることができるものにする意識が強いと、アウトプット中心の活動主義になってしまう。それは、傍目にはわかりやすいものとなるが、言語よりも活動に重きをおいているにすぎない。「単元を貫く言語活動」をすべて否定するものではないが、言語活動が常に「単元を貫く」必要はない。「単元を貫く言語活動」という言葉自体、指導要領のどこにも見られないことからみてもそれは明白であろう。

私たちに今求められているのは、言語にしっかりと基づいた国語の授業を作り上げていくことである。

【「単元を貫く言語活動」をどう考えるか】その2

2 「単元を貫く言語活動」は「活動主義」を導き出す可能性をもつ

阿部 昇（秋田大学）

1 「言語」重視の二〇〇八年学習指導要領

二〇〇八年告示の小学校・中学校学習指導要領では、「言語」が重視されている。「総則」の「教育課程編成の一般方針」では「言語活動を充実」すべきことが、「指導計画の作成等に当たって配慮すべき事項」では「言語に関する能力の育成」が示されている。また「一般方針」でも「配慮すべき事項」でも「思考力、判断力、表現力」を育てるべきことが述べられている。「表現力」はもちろん「思考力」「判断力」も言語により成立する。「思考力」「判断力」は「内言」という言語によるが、「言語」という点では一貫している。

「国語」や「外国語」だけでなく、すべての教科・分野で「言語」を重視することは、是非必要なことである。「言語」という切り口で各教科等を見直すことで、教科内容、教育方法の新しい方向性が見えてくる可能性がある。さらに「判断力」という評価、吟味、批判を含む力が前面に出されたことも昭和二十年代の学習指導要領以来、六十年ぶりである。これらは歓迎すべきことである。

「国語」についてはとくに「言語の教育」としての国語という方向性がより前面に出された[1]。また、「国語」には各学年ごとに「言語活動」例が示されている。

2 国語科の「言語活動」の充実と「単元を貫く言語活動」

学習指導要領「国語」にはさまざまな「言語活動」が例示されている。「詩歌や物語などを読み、内容や表現の仕方について感想を交流する」「調べたことやまとめたことについて、討論などをする」「物語や小説などを読んで批評する」「本を読んで推薦の文章を書く」などである。一部教科内容といえるような要素も含むが、「言語活動」の充実という提起自体は評価できる。

たとえば秋田県でも「内容や表現の仕方について感想を交流」したり「調べたこと」などについて「討論」をするなどの学び合いはされている。「批評する」授業もある。そして、それぞれそれなりの成果を残している。

ただし、まだ「言語活動」のもつ位置や意義が十分に理解されていないこともあって、全国で「活動」だけが前面に出て「その活動を通じてどういう国語の力を身につけさせるか」が曖昧になっている授業例がある。いわゆる「活動主義」の復活である。「感想を交流」「推薦の文章を書く」こと自体が自己目的化して、それを通じてどういう力を身につけさせるかが曖昧な授業である。

その陥穽に落ちないためには、その単元・その授業で子どもに身につけさせる「国語の力」の具体を、教師が戦略的にもつ必要がある。しかし、国語科ではその「国語の力」つまり教科内容が十分に解明されてこなかった。そのため比較的容易に「活動主義」に落ち込んでしまう。

学習指導要領「国語」は、「登場人物の相互関係」「登場人物の設定」「比喩や反復などの表現」など、以前に比べ「内容」が具体的になっている。しかし、このレベルの「力」では実際の授業の到達点にはならない。これらを各地域・学校で具体化しないと「活動主義」に陥る。

そういう中で、文部科学省の「国語」担当の教科調査官・水戸部修治氏が「単元を貫く言語活動」を提唱し始めた。「個々の活動を並べるだけではなく、単元を一貫した言語活動、つまり、単元を貫く言語活動を位置付けることが必要となる」と述べる。より具体的には「第1次 言語活動の全体の見通し」「第2次 教科書教材を目的をもって読む」「第3次 自分の表現に適用する」というモデルが示されている。第3次には「ショーウィンドウ」作りや「パンフレット」作りなどが位置づけられる。「単元を貫く」のは、はじめに「見通し」として示される第3次の「活動」である。[2]

教科調査官の提唱ということもあり全国の国語の授業で「単元を貫く言語活動」が展開されつつある。しかし、そういう中で「第3次が重くなって第2次がおざなりになってしまう」「第3次でパンフレットを完成させるためには、どうしても第2次を軽く扱うしかない」「第3次で子どもは楽しそうに活動するが、本当に力がついているか不安」などの声が聞こえてくる。私は年間数十の講演で全国各地に出かけるが、右のような懸念の声をかなりの頻度で耳にする。そういう授業に出合うこともある。

3 「単元を貫く言語活動」という教育方法のもつ危うさ

おそらく水戸部氏は「それはやり方が悪いからだ」と言われるだろう。しかし、それはただ「やり方」が悪いかどうかというレベルを超えていると私は見ている。

水戸部氏は「付けたい力をどう確定するか」、「確かな国語の能力を付ける」、「付けたい力」の「明確化が授業改善の鍵」と述べる。[3] そのことには異論はない。しかし、問題はその「付けたい力」「確かな能力」の内実である。水戸部氏は、「具体的な能力」として次を挙げる。[4]

・本や文章を選んで読むこと。
・物語の展開から好きなところを見付けること。
・好きなわけを、登場人物の言動を中心に考えること。
・好きなところを声に出して読んで紹介すること。
・好きなところを本を指し示したり、小道具（資料）を用いたりプレゼンテーションすること。

これらは、いずれも「能力」ではなく「活動」である。子どもは「本や文章を選びましょう」と言えば選ぶ。「好きなわけを話したことやしたことから見つけよう」と言えばそれなりに答える。しかし、大切なのは、その本や文章を選ぶ過程でどういう力が高まっているかである。それまで指摘できなかった人物の言動に着目できる力、それを「わけ」として言えるような力がついているかどうかである。その過程でそれぞれどういう具体的な国語の力がついていくのかこそが大切なのである。たとえば「山場という構成を知って、そこに注目して本を選べるようになる」「それまで見せなかった新しい人物像に気づき、そこに着目してわけを言えるようになる」などである。それは別の物語にも応用できる力である。そういうことにはほとんど触れられていない。

「指導過程構想」例の部分でも「本を選ぶ力」「好きなところを意識して読む力」「ストーリー全体を楽しむ力」などが示されているだけである。「本を選ぶ力」「ストーリー全体を楽しむ力」の具体が何なのかも全く提示がない。[5] 水戸部氏編集の事例集でも「付けたい力」の部分は、ほぼ学習指導要領の本文そのままである。[6]

「付けたい力」が、抽象的であったり「活動」であったりするために「活動主義」に陥りやすくなっている可能性がある。そこに「リーフレット」作りなどが強く「貫」かれる。結果としてリーフレットで「好きなところを紹介し合う」などの活動が自己目的化していく危険がある。

4 「単元を貫く言語活動」の「事例」についての検討

水戸部氏は「単元を貫く言語活動」の「読むことの授業づくり」の事例としてあまんきみこの『車のいろは空のいろ』シリーズ作品を取り上げている。複数の作品を読んで「よさをリーフレットで紹介する」という単元である。「導入」でまずはこれが「見通し」として示される。「単元の目標」は「場面の移り変わりや人物の性格を基に想像して読んだり、感想を発表し合って感じ方について違いのあることに気付いたりすることができる」である。「展開1」は「登場人物や話の不思議さの共通性を確かめる」「『松井さんらしい言動』を見付ける」などの学習である。そして「展開2」で「好きな作品を選び、」「『登場人物の性格』『気持ちの変化』『場面の移り変わり』『情景』などを観点として」リーフレットにまとめていく。そして、「発展」の「紹介し合い」である。[7]

目標の「感じ方について違いのあることに気づいたりすることができる」だが、この単元でどういう「違い」をこそ顕在化させたいのか、そしてそれによってどういう国語の力をつけていくかは不明のままである。また、「共通性を確かめる」とあるが、子どもにどういう「共通性」に気づかせたいのか、それによってどういう国語の力をつけるのか。「松井さんらしい言動」がうまく見つけられない子どもは、どういう力をつけることでそれができるようになるのか。あるいは「松井さんらしい言動」に気づけるようになる中でどういう力がついてくるのか不明である。「登場人物の性格」「気持ちの変化」「場面の移り変わり」「情景」に至っては、物語を読む際の一般的な着眼のラベルの羅列だけで、この単元でとくにどういう「人物の性格」「気持ちの変化」の発見の仕方を新たに学ぶのかは不明である。その中で「リーフレット」作りだけは、極めて具体的に位置づいている。

別の「事例」では「導入」で「ショーウィンドウで推薦する」という「見通し」が示される。「単元の目標」

は「優れた叙述や表現の工夫に着目し、自分の考えをまとめる」である。[8] この目標も学習指導要領そのままである。大切なのはこの単元でどういう「優れた叙述や表現や工夫に」「着目」させるかである。そしてそれを通じてどういう力を子どもにつけていくかである。「評価規準」に「登場人物の相互関係や心理描写など、優れた叙述」などがあるだけで、その具体は全く見えない。その中で「ショーウィンドウ」がしっかりと全体を「貫く」。

「発展」での子ども相互の読みの交流は大切である。しかし、なぜ単元のはじめに「リーフレット」作り、「ショーウィンドウ」作りという「見通し」をもたせなければいけないのか。必然性が見えてこない。水戸部氏は「主体的な思考・判断を伴う学び」を成立させるため、[9]「単元を通した見通しを、子ども自身が明確にも」つためと述べる。[10] しかし、なぜ「リーフレット」なのか。

子どもたちは「白いぼうし」などあまん作品には強い興味をもつ。それを構成・構造や事件展開、特徴的な表現に着目しながら読み深めていくことを喜ぶ。そして最後に作品評価を交流することも楽しむ。なぜわざわざ時間や手間のかかる「リーフレット」作りなのか。

実際の授業では「リーフレット」「パンフレット」「ペープサイト」「朗読劇」などに多くの時間をかけることになりやすい。その部分は廊下などに展示されることが多い。子どもも教師もそれを作成すること自体に熱心になる傾向がある。その結果、そこに多くの時間をかけ、「付けたい力」「確かな能力」が最もつくはずの読みの学習などがおざなりになるということが起こりやすくなる。

5　必要なのは「単元を貫く言語活動」よりも「単元を貫く目標」である

水戸部氏は、教師中心の「教え込みに偏る授業スタイルから抜け出せ」ないような授業への打開策として提唱を始めた可能性がある。[11] だから「教え込みに偏る授業」しかできていない場合は、一つの選択肢として一度は試してみてもいいかもしれない。しかし、水戸部氏の「思い」を大きく超え、ほぼすべての単元で重い第3次を設定し、「活動主義」に陥る例が出てきている。

国語の授業で「言語活動」を生かす場合、必要なのは「単元を貫く目標」あるいは「単元を貫くねらい」である。その単元で身につけさせたい目標・ねらいとしての

「国語の力」の具体をまずは明らかにする（そこにはより主要な目標・ねらいと副次的なそれとがあってもよい）。その上で、目標・ねらいを達成するために「言語活動」は一単元中に多様にあってよい。「グループでの意見交換」「全体での意見交換・討論」「ノートに考えをメモする」なども重要な「言語活動」である。読み深めを生かしての「朗読」も「言語活動」である。さまざまな「言語活動」を多様に組み合わせつつも、その単元で「身につけさせる力」は明確にしておく。

その際に「本や文章を選んで読む」「物語の展開から好きなところを見つける」といったレベルの目標で言語活動を展開すると、やはり「活動主義」に陥る危険がある。だから、たとえば物語ならば「山場の工夫された表現に着目して、物語の中での効果をつかむ」「『現在―過去―現在』の構成の効果を見つけ出す」などにまで具体化する必要がある。ただし、その場合も「この作品でとくに着目させたい表現は声喩であり、その発見（異化効果に気づかせる）」「時間を入れ替える構成が、とくに主人公の成長を効果的に演出していることに気づかせる」などといったより具体的な戦略を教師がもつことが必要である。説明的文章であれば「筆者の主張とその証明の仕方をとらえて、主張に対する自分の考えをはっきりさせる」「筆者の説明の仕方、とくに説明の順序の工夫をとらえる」などが考えられる。この場合も、教師がより具体的な戦略をもっている必要があることは同じである。

注

（1）小中高の『学習指導要領解説　国語編』（文部科学省、二〇〇八年・二〇一〇年）は、中央教育審議会答申中の「言語の教育としての立場を一層重視」を再掲している。
（2）水戸部修治著『小学校国語科授業&評価パーフェクトガイド』二〇一三年、明治図書、三二頁、三四頁、一〇九頁
（3）前掲書(2)、三頁、四頁、二〇頁
（4）前掲書(2)、四一頁
（5）前掲書(2)、四〇頁
（6）水戸部修治編著『小学校国語科言語活動全パーフェクトガイド』三巻、二〇一一年、明治図書
（7）前掲書(2)、一〇〇～一〇三頁
（8）前掲書(2)、一〇八～一一一頁
（9）前掲書(2)、三一頁
（10）前掲書(2)、三頁
（11）文部科学省『初等教育資料』九〇一号、二〇一三年

【「単元を貫く言語活動」をどう考えるか】その3

3　思考力・判断力・表現力の育成を目指した言語活動を
――「考える」という思考活動をとおして

白石範孝（筑波大学附属小学校）

1　「言語活動」の重視

学習指導要領の改訂の大きな特色として言語活動の充実が挙げられる。この「言語活動」という言葉だけからだと国語科の学習、国語の内容として受け取られがちである。しかし、、今回は単に国語科にとどまらず、各教科、道徳、総合的な学習の時間、特別活動等、学校におけるあらゆる教育活動の中で、言語力の育成を図ることが求められているのである。

言語活動の充実について、今回の指導要領ではどのように位置づけられているのかを確認してみる。

小学校学習指導要領第1章「総則」第4の2「指導計画の作成等に当たって配慮すべき事項」に次のようにある。

各教科等の指導に当たっては、児童の思考力、判断力、表現力等をはぐくむ観点から、基礎的・基本的な知識および技能の活用を図る学習活動を重視するとともに、言語に対する関心や理解を深め、言語に関する能力の育成を図る上で必要な言語環境を整え、児童の言語活動を充実すること。

と示されている。そして、この中で「言語」についての考え方を、次のように見ることができるのではないだろうか。

・言語は、習得した基礎的・基本的な知識・技能を活用する場での土台となるものである。
・言語は、思考力、判断力、表現力等の能力の土台となるものである。

要するに、言語活動の充実においては、言語はさまざまな能力の土台となるものであり、まずはその能力の具体を示し、その能力の習得、活用、探求という活動において、「言語力」の育成に努めなくてはならないと考えられる。さらに、「言語活動の充実」については、「活動」を重視するあまりに、活動主義の実践に陥らないようにすることが重要である。

2 「言語力」の具体

言語に関する内容を話題とすると「言語力」と「言語活動」という二つの言葉が飛び交ってくる。この二つの言葉は、それぞれ示している内容は違うはずである。ここで、その二つの言葉についての私の考え方を述べる。

「言語活動」は、例えば、調べたことや考えたことを話したり、書いたりするというような広義の表現活動であり、「言語力」は、そのさまざまな表現活動を支える能力であるととらえている。

前述した活動主義に陥ってしまうのではないかという心配は、この中の「どんな活動を子どもたちにさせればいいか」というように活動を真っ先に考えるといった「言語活動」の受け取り方に対する心配である。

それに対して、「言語力」の育成においては、「言語活動」を支える基礎的・基本的な能力であると考えている。その能力の具体として「用語をとらえ活用できる力」「方法を知り活用できる力」「原理・原則をとらえ活用できる力」を考えている。とくにこれらの力の育成が、国語科の学習における「言語力」の育成ととらえることができると考える。

例えば、新聞を書く方法もさまざまな表現形態の習得という内容で、国語科の学習として扱う必要があると考えている。要するに、新聞を書く方法も国語科における「言語力」であるというとらえ方をしているのである。

「言語力」と「言語活動」の関係で、以上のことを考えてみると、国語科の学習の中で、新聞を書くという方法を「言語力」ととらえ、その具体的方法を、新聞を書くという活動を通して学習する。この学習が「言語活動」の土台を築いた状態である。そして、社会科や理科等の学習の場で新聞を書くという「言語活動」にその「言語力」を活用することとなる。

国語科の学習においては、楽しさ、おもしろさ、目新しさを求めた活動が主体となった「言語活動」ではなく、活動を支える「言語力」を重視し、活動を体験することで「言語力」の習得、活用が図られる活動を日々の学習に求めることが大切であると考えている。

3 「単元を貫く言語活動」の方向

前述のように「言語活動」の重視が叫ばれる中で、国語についていえば「単元を貫く言語活動」が強調され、単元の始めにその活動を設定し学習の方向を定め、そして単元の終末での活動が重視されている。

「単元を貫く言語活動」が、一つの単元の学習をとおして言語の力をつけていこうという方向には頷けるのであるが、授業者にとっては、「単元を貫く言語活動」が重荷となり大きな問題となっているのが現状である。その問題点として次のようなことが挙げられる。

・「〜を作ろう。」「〜の発表をしよう。」等の「活動」が重視され、活動することが目的となり本来の国語の力が軽視されてしまう。

・表現する活動を重視するがために、本来の読みの学習が少なくなってしまっている。

・「単元の始めに活動を設定し終末に活動をする」という流れが固定化され、どの単元も同じ流れになってしまっている。

・読みの学習においてつけるべき力と活動によって得られる力が一貫性をもたない。

・「言語活動」が単なる表現活動でいいのか?

以上のような問題の原因は、「単元を貫く」という言葉と「言語活動」という言葉のとらえ方にあるように思う。それぞれの言葉を国語で育てなければならない読みの力・書く力・表現力との関連でとらえていく必要があると考える。

「言語活動」という言葉を「〜を作ろう」「〜を発表しよう」というような活動にとどまらず、思考力・判断力・表現力の育成を目指した活動というとらえ方をしていく必要があると考える。

さらに、「単元を貫く」とは、これらの力を育てるために一つの単元の中にどのように位置づけて、子どもたちに思考活動をさせていくかを考えていく必要があると考えている。

そして、これからの「単元を貫く言語活動」は、単元で育てる国語の力を明確にして、その力の育成を目指した子どもたちの「思考活動」を重視したものにしていきたいものである。

4　思考活動を土台とした言語活動

活動そのものが主体となっていく言語活動ではなく、思考活動を主体とした言語活動を目指していくために、言語活動を次のようにとらえている。

> 言語活動とは、言葉を活用して論理的に「考える」という思考活動であり、さらにその内容を自分らしく表現するという思考過程の表現である。

言語活動の土台としての言語力の具体として次の三点を挙げる。

・用語をとらえ活用できる力
・方法を知り活用できる力
・原理・原則をとらえ活用できる力

この三つの力をもつことは、子どもたちがさまざまな表現の場において、共通の土俵に上がることになる。

要するに子どもたち全員が、共通の言語を活用し具体的な方法を技として、そして原理・原則を論理として自分の考えを作ったり、表現したりすることにつながると考えている。

これまでの国語科の学習においては、イメージと感覚でとらえたことを表現し合うことが主な活動であった。このような活動では、表現内容が拡散的になりゴールを目指すことはできない。だから、何でも容認され、何が分かったのか？何ができたのかが分からない、という結果となる。

しかし、「用語」「方法」「原理・原則」を糧とした論理的に思考する「考える」授業では、一つのゴールを目指して表現内容を収束し結果を明確にできるのである。

このように、「言葉を活用して論理的に思考する」という言語活動においては、「用語」「方法」「原理・原則」を糧として論理的に考えることを基本としている。

つまり、「原理・原則」を活用し、さまざまな読みの「方法」を使った「考える」という思考活動によって自分の読みを作る。そして、その思考内容を表現するという一連の思考過程を言語活動ととらえている。

また、思考の姿として、①理由、②順序、③活用、④

きまり、⑤類似、⑥相違、⑦類推、⑧具体化、⑨抽象化、⑩因果関係、などの思考活動がさまざまな活動の中で行われてこそ、論理的に「考える」という言語活動の授業になると考えている。

5　言語活動としての「3段階で読む」

言語活動は、「考える」という思考活動が基盤となっている。この「考える」という思考活動は、文章や作品を「論理的に読む」こととなる。そして、この一連の学習の具体的方法として、文章を丸ごと読むことを基盤とした「3段階で読む」という方法を言語活動として提案したい。

(1) 目的

まず、「3段階で読む」学習は、次のようなことを目的としている。

① 作品や文章を丸ごととらえ、文章全体から細部への読みを実現する。
② 作品や文章を大きく三つの部分に分けて読むことで、因果関係や文章の構成をつかみ筆者の意図を読むことを実現する。
③ 子どもが読みの方法となる観点を習得し活用できることを実現する。

(2) 読みの観点

作品や文章の全体のつながりをとらえた読みを成立させるためには、何を読まなければならないかを明確にする必要がある。それが、国語の基礎・基本となる「読みの10の観点」である。この読みの観点は、その教材だけでなく、他の教材にも生きる「他へ転移できる力」となるものである。その読みの観点として次を挙げる。

◎文学作品を読むための「10の観点」
①設定（時・場所・季節　等）、②人物（登場人物・中心人物・対人物・語り手）、③出来事・事件、④中心人物の変容、⑤三部構成（はじめ・中・終わり）、⑥因果関係、⑦お話の図・人物関係図、⑧くり返し、⑨一文で書く（～が～によって～する・なる話。）、⑩中心人物のこだわり
◎説明文を読むための「10の観点」
①題名・題材・話題、②段落（形式段落・意味段落・

主語のつながり)、③要点、④要約、⑤要旨、⑥事例(具体と抽象)、⑦「問い」と「答え」の関係、⑧三部構成(はじめ・中・終わり)、⑨くり返し使われている言葉、⑩比較しているもの

◎詩をよむ「5の観点」

①題名、②リズム、③中心語・文・くり返し使われている言葉、④語り手、⑤技法と効果

以上のような読みの観点で作品全体のつながりを考えた丸ごとの読みを目指していくが、いつもすべての観点を使った読みをしていくのではない。それぞれの教材の特徴に合わせて、読みの観点を選択して読みに活用していくのである。そして、これらの観点を手がかりとした読みが、それぞれの作品の基礎的な読みとなり、これを共通の土俵としている。

(3)「3段階で読み」の流れ

「3段階の読み」では、作品を場面に分けて場面毎に読む、あるいは説明文を1段落から順を追って読んでいくというような一般的な読みはしない。あくまでも作品全体を丸ごととらえる読みを通して、作品の細部に迫る読みを目指す。そして、その活動の流れの概要を次のように考えている。

◎第1段階の読み~読みの共通の土俵をつくる~

・「読みの10の観点」で大体を読む

・文章や作品を三つの部分に分けて全体の構成を読む

・題名をすべて使って問いを作り読みの方向をもつ

◎第2段階の読み~細部の読みと問いの解決~

・文章全体のまとまりを読む

・表や図によって関係を読む

・内容を読むことを通して、問いの解決を図る

◎第3段階の読み~読みのまとめと表現活動~

・主張を考えて読みをまとめる

・読みの内容を生かして自分の考えを表現する(要約する・主張文を書く・問いに対する答えをまとめる等の表現活動)

以上のような文章全体の読みを基盤とし「用語」「方法」「原理・原則」を活用する思考活動を中心とした「考える」国語の授業をしていくことが、思考力、判断力、表現力を育む「言語活動」となると考えている。

【「学びの共同体」をどう考えるか】その1
4　学習集団の原点から考える

折出健二（愛知教育大学名誉教授）

1　はじめに

一九五〇年代末から「学習集団」が追究されてきたが、そこには我が国の戦後教育実践の必然性が認められる。その過程を筆者は、『学習集団の指導過程論』（明治図書、一九八二年）としてまとめたのでここでの詳論はさける。学習と集団をめぐっては、一九六〇年代初めに大田堯が「上からの一方的な教化を実現する権威主義的な共同体」に対する自由な認識主体に一人一人を導く「学習集団」(1)を提起していたが、「学びの共同体」論はこの反権威主義の学びあい論に源流がある。

しかし当時、竹内常一は、このように「教化集団」との対比で「学習集団」を規定することを批判した。(2)その論考によると、「商品としての学力と人間を形成する授業」を批判的に直視することなしに単に双方を比較するのは「学習集団」の矮小化だという。働く人々の学習を破壊する資本の論理への批判が根底にあってこそ、「学習集団」となり得るからである。

社会的課題との関係を捉える「学習集団」論としては、五〇年代末から子どもの現実の生き方から出発する学習指導を提起した宮坂哲文と、それを教授学的に整理し直した吉本均の授業論の系譜がある。また、公教育が抱える労働者階級の解放の学習に係わって自治と学習を結合させて追究した竹内常一や大西忠治（生活指導および国語授業の改革に取り組んだ。「読み研」の創始者として知られる。）の系譜がある。これらの系譜が遺してきた資産をどう活かすか。小論ではそのことを念頭に置いて以下の課題を述べる。

2　「学びの共同体」の何が論点なのか

従来「学習」の概念が中心であった教育研究で、佐藤学らによって「学び」の提起があり、いまやこの用法がしだいに広がっているとみてよいであろう。『広辞苑』（第六版）では、「学び」は広くは学問そのものを意味し、具体的には教えを受けることを表している。一方、「学習」は系統的に知識・技能を身につける活動を指している。筆者なりに意味づければ、「学び」は教える人（他者）や対象（教材）との関係性に軸を置く概念で、「学習」は個体が知識・技能等をどう修得し内面化するかという個の変容・変革を主とする概念である。

では、なぜ「学びの共同体」ということが言われるのか。そのままにとれば、学問にたずさわる人々の共同体、研究グループ、あるいは大学そのものを指すとも取れる。その転用でいえば、学校はそのまま学び合う共同体ともいえるから、個々の学級での授業の展開を「学びの共同体」とするのは、学校の中の学校と言っているに等しい。それでも授業に取り組む子ども集団を対象として「学びの共同体」が概念化されたのは、私見では、次の二つの理由からである。

一つには、従来から言われてきた「学習集団」の「集団」が集団主義的な思想にもとづく概念であることに共鳴できないこと。言い換えれば、「学習集団」はイデオロギー的な色彩の強い概念であるからこれを避けるため（この論点については後述）。二つめに、「学習集団」は吉本均らの授業研究グループ並びに集団づくりを追究する全国生活指導研究協議会が主として展開してきたもので、そうした特定の研究グループの提案する実践形態概念との差別化をはかるためであった。

筆者は、「学びの共同体」とした時点で、ある大きな違いが表面化したと見ている。それは、子どもたちの自治とのつながりをどう見るかの違いである。「学習集団」論の重要なポイントは、個々の学級における学習集団の展開を通して、その学級がより自治的な集団になっていくことである。これと共に、その学級集団の活動が学級組織の制約を超えて他の学級との共同学習あるいは学年レベルや学校レベルの学習運動にまで発展していく可能性を胚胎するものとして実践を構想することにある。

これに対して、「学びの共同体」は「共同体」のもつ相互の助け合いや自由な認識の交流、相互理解という積極面をもちながら、半面では、その仲間の世界で自己完結しかねない問題も有している。さらに、個々の成員の多様な見方・考え方が活かされる「共同体」としての民主的な関係性を保持するのは、誰なのか。それは学級担任ないしは教科担任、つまり教師である。

子どもたちは、教師から尊重され手厚い指導を受けるとしても、あくまで教えを受ける学びの主体としての位置づけなのである。子どもたちの自治をつくる権利をどう見るかが大きな論点だと筆者が言うのは、そういう意味である。

具体的には、「学びの共同体」の実践論には、次の点はどのように認識され、方法化され、指導の構想になっているのだろうか。

①学習計画に子どもたちが参加していくこと、②一単元の授業の過程で学習リーダー・フォロアーの関係性が子どもたちの話し合いによって確認されていること、③授業進行に対する子どもからの要求が出される体制がつくられていること、④授業のあり方・成果を子どもたちも評価する仕組みが採られていること。

これらの側面への指導は、おそらく「学びの共同体」論では批判・否定される問題であろう。つまり、それは組織的な指導に従属した考え方であり、その背景には集団主義的イデオロギーが働いていると。

3 学習集団の原点は何か

一つには、前述の通り、当時すでに高度経済成長政策との関わりで学校教育にも競争原理や能力主義的な選別と差別が持ち込まれていたとき、公教育のあり方を問うことと子どもたちの学習の保障とをどう結びつけて実践するか、という問題があった。このことは今でも検討に値することだ。

というのは、九〇年代から学校教育に新自由主義政策が持ち込まれ、今では教育再生実行会議という政権党主導の首相諮問機関によって「教育改革」が打ち出される情勢である。ここで問われているのは、日本国憲法の国民形成の理念に即してどのような公教育をめざし、それに向かって教育実践をどう高めるか、その重要な環として個々の授業・指導をどう深めるかである。この構図の中で、「学習集団」について、各地の教職員集団によって活発な検討と交流をしていく必要がある。

新自由主義とは、ひと言で言えば、旧自由主義時代のように、一定の環境で自然発生的な競争が起きる前提自体を変えて、計画的・意図的に競争が起きるように環境を操作してうまれる自由競争原理のことである（参照、佐藤嘉幸『新自由主義と権力』人文書院）。だから、関係性としては他者不信や排他意識・対立が起こりやすい。今日の教育課程政策がすでにその考え方で組まれていることも加わって、教室にもそのミニチュア現象が日常化している。近年の子どもたちの暴言やいじめ行為、すさんだ対立関係は、個々人が「自分はここにいるぞ」と自己主張しているその複合現象である。それだけ、子どもたちの孤立は深刻である。

ところが最近の流れは、研究者も実践家も目の前の授業の質的向上に関心を奪われ、子どもの学習を規定している現実と切り結ぶそもそも論を脇に置いて、授業技術論に流れる傾向がある。そのことと学習集団概念が次第に後退し下火になったこととは無縁ではない。

二つめに、「学習集団」の「学習」とは、もちろん直接には学校教育の教育課程に即した学習であるが、同時にその学習を保障する学校教育の構えとしては、実社会で働く人々が知り、考え、学習する権利をいかに行使していくかという生涯にわたる学習の課題と通底・連動するものとして捉えることが求められている。

読者に求めたいのは、これを「昔の話」と取らないで、今日本で起きている喫緊の課題だと見ることである。例えば、ブラック企業化での労働する者の身の安全を守ること、権利侵害には正当な抗議を行うこと、低賃金による過酷な労働体制の仕組みを知り、それを変えるための課題を見据えることなど、働く現場での自主的な学習と共同の必要性はいっそう増しているのである。その学習と自治の能力を公教育でどう一人一人に培うのか、そのための授業実践として子どもたちの「学習集団」をどう育てるのか。こういう課題に向き合う中で「学習集団」論は今蘇るときなのである。

三つめに、学習指導と生活指導の統一という公教育の基本構想に立ち、その実践方法論に即して「学習集団」が追究された。現在は、少人数学級の編成や子どもの進度に応じた能力別編成など多様な組織的形態の実践が行われており、宮坂による提起の当時とは比較できないほど多様化している。しかし、それは裏返せば、それほど計画的な競争環境の下に子どもたちは置かれて学習に取り組んでいることを表している。そうであれば、「民主的な学習集団の形成」（宮坂）は今日の文脈でこれを読み換えて、構想されるべきなのである。

4 実践方向をめぐって

「学びの共同体」と「学習集団」の共通性はどこにあるか。それは端的にいえば、授業における教授と学習の積極的な役割の展開、そして子どもたちの活動および相互の関係性の重視である。

前者については、ヴィゴツキーのテーゼがある。「学齢期における子どもの発達過程やその学習過程を観察すると わかるように、「すべての教科は子どもに対してつねに、かれが今日なし得ること以上のものを要求する、すなわち、子どもは学校において、自分を自分自身よりも上に高めるような活動を遂行している」。そして、「教授が成果を上げる」ということは、学習に取り組むことを通して、知的機能の「発達を自分の後にしたがえ、よび起こす」ということを意味する。[3]

この一節は、有名な「発達の最近接領域」を述べたくだりであり、同時に、学習における共同の役割を提起した文脈でもある。その共同を「学びの共同体」は個々の子どもの多様な認識の交流に重きを置くのに対して、「学習集団」は子ども同士の共同のもつ知の力を重視する。この場合、どちらも子どもの共同をリードし援助するのは教師である。教師の指導性を大事にするのは共通している。

ただし、どのような知的機能をどのように「自分の後にしたがえる」かが課題である。共同を介しての個々の概念獲得とその運用による主体的な問題解決にとって、学習目的を自覚し、学習課題に応じて必要な学習形態が随時選べること、この自覚性と随時性は、一定の系統的な指導と経験を積まないとむずかしい。「学習集団」論はこれを支持し、「学びの共同体」論は教授に伴う知的訓練は、外からの押しつけだとして退けるであろう。

先の論点の後者については、子ども相互の関係性に関する実践的な研究と検討がこの間とても緻密に行われてきている。そのポイントは、子ども同士が応答しあえる関係をどう築いていくかである。相互の応答性、このことを「学習集団」論の立場からいち早く提起してきたのは吉本均であった。吉本「学習集団」論は、全生研のいう「自治的集団」と「学習集団」の「峻別」とは一線を画して、どちらかと言えば学習集団論初期の宮坂の考え方の教授学的深化・発展に近い。

筆者は、その相互応答関係が成立する学習の条件とは、他者との相互承認を核とする自主的・自治的な学級であることを重視したい。今後、仮に愛国心教育を意図した教材・教育内容が増したとして、「学びの共同体」論では、教材を介して自由に意見をたたかわせる授業の展開、子どもの認識の達成に教育的意義を見いだすであろう。他方、「学習集団」論では、ある特定教材の拒否の自由を原理的には子どもたちに認めた上で、個々の教材に対して自らの生き方の現実をぶつけて批判的に学び取る学習を構築していくであろう。両者のよって立つ視点の違いは明瞭だが、小論はここまでとして結びとする。

注

（1）大田堯「教育の過程と方法」勝田守一編『現代教育学2』一九六〇年、岩波書店、二五九頁

（2）竹内常一「学習集団の形成は可能か」『教育』第一二七号、一九六一年、国土社、一五頁以下

（3）ヴィゴツキー、柴田義松訳『思考と言語』（新訳版）、二〇〇一年、新読書社、三〇六頁

【「学びの共同体」をどう考えるか】その2

5　当事者という視点から「学びの共同体」を問う

久田敏彦（大阪教育大学名誉教授）

はじめに

「学びの共同体」と一言でいっても、そこには論者による強調点の違いがある。ここでは、代表的提唱者である佐藤学のそれを検討してみることにする。とはいえ、佐藤に限定するといっても、その論ずる射程は広く、すべてを検討する紙幅は与えられていない。そこで、小論では、当事者という視点から「学びの共同体」の問題を読み解くというごく狭い限定的なし方で、依頼されたテーマに迫ることにする。

以下、いくぶん回り道になるが、当事者という視点の必要性と中身をまず述べた上で、「学びの共同体」の問題をその視角から検討することにしたい(1)。

1　なぜ、当事者という視点なのか

「モチモチの木」の冒頭部を読む授業で「自分も五歳だったら夜中に外にあるトイレなんか怖くていけない」と発言した子どもがいた。しかし、授業後の論議は、作品世界の形象に迫らせる指導が必要ではないかという点に大方は収斂していった。もう二十年以上も前の授業研究での経験である。この経験は、語り手に対する子どもの批評や、子どもの「現在」からの作品の読み拓きもまた、授業では重要だと逆に考えさせてくれるものとなった。つまり、当事者という視点を抱懐させてくれた実践的契機となったのである。だが、それは、たんに過去の個人的経験にとどまらない。今日、ますます重要な視点となってきているといえる。その一例として、この間注目されてきたＰＩＳＡ型学力をとりあげてみよう。

ＰＩＳＡの読解力低下結果と活用型の教育の必要を理由としたＰＩＳＡ型学力への積極的な対応という文脈で学習指導要領が改訂され、「教育内容に関する主な改善事項」のいの一番に「言語活動の充実」が教科横断的に掲げられた。言語活動の充実それ自体に異論を差し挟む者は皆無のようだが、「言語活動の充実」に対しては、教科内容との関係を等閑視した言語活動のスキル化の危険があると指摘されてきた。この指摘は的確である。ただし、元を辿ればＰＩＳＡ型学力にそうした危険があることは見過ごされてはならないだろう。

ＰＩＳＡは、グローバル経済における人材開発を背景としているが、直接的にはそのための教育の枠組みの指標とその評価方法の開発をねらいとしている。ねらいは奏功しているようにみえるが、問われるべきは、その内容である。ＰＩＳＡの調査問題は、たしかに各分野で習得する必要のある「知識領域」、応用する必要のある「関係する能力」、知識・技能の応用やそれが必要とされる「状況・文脈」から構成された良問であるとはいえるが、しかし「状況・文脈」はすでに問題のなかに与えられているからである。裏返していえば、学びの当事者としての状況・文脈はほとんど捨象されているのである。批判的リテラシーが後景に退いているとか批判的に答えさせていないという評価もあるが、問題はそこよりはむしろ、自らの状況・文脈と往還させずに、与えられた状況・文脈を読み解く能力が、もともとＰＩＳＡ型学力だという点にある。だから、スキル化を呼び込む素地があるのである。得点向上のためには、スキル訓練で十分対応可能となるのである。活用力も、その一環としての「言語活動の充実」も同様である。[2] だからこそ、いま、当事者という視点が求められているのである。そして、この視点を設定すると、さらに授業づくりの視野も開けてくる。

2　授業づくりにおける当事者とは何か、誰か

授業における当事者という視点自体については、これまでも度々言及されてきた。たとえば、現代社会の諸問題の直接的な当事者と関係を結んで子ども自身も問題を考える当事者になるとともに、意見表明を介して問題に当事者として参加する授業づくり論が提起されてきた。[3] あるいは「ごんぎつね」の主題をつかむことと、自分の

現実生活からいま一度読み込んで自分の生活を問い直すこととを重ねあわせたとき「当事者性のある学び」になるという実践提起もなされてきた[4]。それらは、学校知やたんなる体験交流を批判的に越えた、内容世界にかかわる当事者性に重点を置いたするどい提起である。PISA型学力がこの点を度外視していることは先述の通りである。ただし、当事者視点には、内容世界との関係に尽きない広範さがあることも見逃せない。

当事者とは何か。これは、じつは大変にやっかいな問いである。ここでは、近年の議論を参考にして、ひとまず次のように捉えておく。つまり、当事者とは、「自己の第一次的なニーズの帰属する主体[5]」ではあるが、同時に、自分のニーズを自分で決める個人にとどまらず、自分のことは自分だけでは決めないで多様な問題や困難を他者とつながって問い直し意味づける共同行為者[6]であると。

この当事者理解からみると、授業における第一次的ニーズの帰属する主体であり、授業上の問題や困難を自分の問題として受けとめ問い直し意味づけ合うのが、当事者であるといいえる。それは、子どもたちであり、同時に教師である。したがって、教師と子どもたちとがともども自らの必要を紡いで授業を問い直し意味づけることに、授業づくりにおける当事者視点の要がある。そのため、内容世界との関係に尽きるものではないのである。

「学びの共同体」は、こうした当事者視点をどれほどもちえているのだろうか。授業づくりにおける当事者視点の具体的な内容とさらに関連づけて検討してみよう。

3 「学びの共同体」の課題

(1) 当事者視点からみた「活動システム」

「学びの共同体」が世界づくり、仲間づくり、自分づくりの三位一体としての対話的学びを提唱していることは、周知のとおりである。認知的文化的実践（対象との対話）、対人的社会実践（他者との対話）、自己内的実存的実践（自己自身との対話）の三位一体[7]というわけである。おそらくこの学びの捉え方に異論を唱える者はほとんどいないだろう。学びの共同性を実現しようとしてきた教師ならば、大なり小なりこの三側面はつねに意識してきたからである。対話的学びの三位一体は、そのあらためての提起である。しかし、その具体的な方略である

「活動システム」に目を向けると、首肯しにくい問題が見いだされる。

学校再生の「ヴィジョン」と公共性・民主主義・卓越性という「哲学的原理」を具現化し実践するように構成された「活動システム」の中身は、要約すれば、次の点にある。つまり、①基盤としての「他者の声を聴き合う関係」、②「男女混合4人グループによる協同的な学び」（小学3年以上）、③「教え合う関係ではなく学び合う関係の構築（わからなかったら、「ねえ、ここ、どうするの」とたずねる）、④「背伸びとジャンプ」のある学び、⑤「聴く」、「つなぐ」、「もどす」、「声のテンションを落とし話す言葉を精選する」、「即興的対応による創造的な授業を追求する」といった教師の活動、⑥授業の観察にもとづく事例研究会を中心とする学校経営、⑦保護者や地域市民との協同による授業づくり[8]、である。

これらの方略に新奇さがあるとまではいえない。たとえば、グループによる協同的な学びは、3年生以上と限定せずとも、以前から数多く実践されてきたし、成果も上げられてきた。それどころか、乳幼児の集団づくりではグループ活動は日常的ですらある。あるいは、わからなかったら「ねえ、ここ、どうするの」とたずねる「学び合う関係」も、子どもの「わからない」という声を大切にしてきた授業とつながる。さらには、「背伸びとジャンプ」も、「容易さ」ではなく、努力を要する困難さを提示する授業原理としての「わかりやすさ」と読み替えることもできるし、校内授業研究を学校経営の核として取り組んできた学校も少なからず身近にある。加えて、保護者・市民の授業づくり参加も、数多くとはいえないが、ずっと取り組まれてきた。だから、「活動システム」の首肯しにくい問題とは、その内容にあるのではない。問題は、それを誰がどのようにつくるのかにある。たとえば、「男女混合4人グループ」が前提とされているが、グループが本来当事者としての子どものものであるとすれば、子どもたち自らが声を紡いで多様なグループを編成することが追求されてよいはずである。だが、「学びの共同体」はそうした点には無頓着である。あるいは、「ねえ、ここ、どうするの」と聴き合う関係のあり方も、当事者どうしの対話による合意の対象とされてよいが、この点も回避している。つまり、授業のしくみや秩序や関係を子どもたちが共同で問い直し創造するという視点が行方不明となっているのである。それは、「声を聴く」や「聴き合う」の基礎に「ケア」論はあっても、授業における「自治」という視座はないからである。しくみや秩序や関係を自らの手でつくるためには、当事者として「声をあげてみる」「声を上げ合ってみる」ことが求められてよいのである。

(2) 当事者視点からみた意味世界の構築

「活動システム」ばかりではない。教科内容の子どもにとっての意味を当事者視点から捉え直すことも必要となる。「学びの共同体」は、子ども自らの「内面の真実が何を意味し何に由来するかを自己の存在のありようにおいて探究」し、「内なる真実に即して思考し行動する」ことを重視している。[9] この点では、たしかに当事者視点があるともいえる。だが、それは、ことの一面にすぎない。というのは、当事者が行う研究の研究から示唆されるように、当事者の学びとは、科学知に回収されず、かといって自分の経験に埋没もせずに、複数の当事者がともども科学知を問い直したりずらしたりする共同的な学びだからである。[10] ここからみると、「学びの共同体」は、協同的な学びをとおして自分の「内面」に向かう学びではあっても、それと不可分の関係にある対象の真理性を問い直したり問いただす学びという点では弱さをもっている。[11] 実践的にいえば、「声を聴く」や「聴き合う」だけではなく、「本当にそうなのか」と教科内容を問い直し合ってみることがさらに必要となるのである。

(3) 当事者としての教師の専門性

右のような授業のしくみや秩序をつくる当事者性ならびに対象世界を問い直す当事者性は、その双方を実現する専門家としての教師の当事者性をおのずから導きだす。それは、教材研究を深め、あらかじめ科学的認識とその獲得過程を確定して、そこに子どもたちを誘うという閉じた専門性ではもはやない。しかし、「活動システム」にみられるような、教材と子どもをつなぎ、ある知識と別の知識をつなぎ、昨日学んだことと今日学ぶことをつなぐといった活動や、授業を止めて前段にもどし、教室全体やグループにもどすといった活動[12]にとどまるものでもない。子どもを二重の意味で当事者にする教師の専門性が求められるのである。それは、自らの授業観や教材観・教材解釈や子ども観などのリフレーミングをともなった、子どもを当事者として積極的に誘う教師の専門性にほかならないのである。

おわりに

授業診断項目によって授業が呪縛され、全国学力・学習状況調査によって得点向上が競わされ、間違うことへの恐怖心や自己責任型学習観や学習への諦念が醸成される状況がある。「学びの共同体」は、こうした状況に対抗する試みのひとつであり、その意義は大きい。そのうえで、右にみてきた意味での当事者性のいわば三位一体をさらに追求するとき、「学びの共同体」はその価値をいっそう増していくにちがいないであろう。

注

（1）本稿は、久田敏彦「『学びの共同体』論の検討―学習集団論の発展的継承との関連において」（大阪教育大学大学院学校教育専攻教育学コース『教育学研究論集』第一一巻、二〇一四年三月）を一部参照している。
（2）久田敏彦「ポスト『PISAショック』の教育」ドイツ教授学研究会編『PISA後の教育をどうとらえるか―ドイツをとおしてみる』二〇一三年、八千代出版参照。
（3）高橋英児「現代社会にひらく授業をつくる」メトーデ研究会『新しい授業づくりの物語を織る』二〇〇二年、フォーラム・A
（4）鈴木和夫『子どもとつくる対話の教育―生活指導と授業』二〇〇五年、山吹書店
（5）上野千鶴子『ケアの社会学―当事者主権の福祉社会へ』二〇一一年、太田出版、七九頁
（6）石原孝二編『当事者研究の研究』二〇一三年、医学書院、一一七～一一八頁参照。
（7）佐藤学『教育の方法』二〇一〇年、左右社、九八頁
（8）佐藤学『学校改革の哲学』二〇一二年、東京大学出版会、一一一～一一五頁
（9）佐藤学「教室という政治空間―権力関係の編み直しへ」森田尚人ほか編『教育学年報3　教育のなかの政治』一九九四年、世織書房、一一三頁
（10）石原孝二編、前掲書、四頁、一三五～一三六頁参照。
（11）子安潤『リスク社会の授業づくり』二〇一三年、白澤社、一一六～一一七頁参照。
（12）佐藤学『教師たちの挑戦―授業を創る　学びが変わる』二〇〇三年、小学館、一六～一九頁

【「学びの共同体」をどう考えるか】その3

6 教科内容・教育方法からの「学びの共同体」についての批判的検討

阿部 昇（秋田大学）

本稿では「学びの共同体」の代表的存在である佐藤学を中心に検討を行う。久田敏彦が指摘するとおり「『学びの共同体』論は、全般的にみれば、今日の『教育改革』に抗し、子どもの学習状況を打開するひとつの挑戦的な試み」であるといえる。さらに久田が指摘するとおり「差違を尊重した『交響』」「『声を聴く』という実践方略」、「教師の指導」に「教材と子どもを」「つなぐ」「もどす」活動を位置づけるなど評価できる要素も含む(1)。

ただし、だからといって、それをそのまま受け入れるわけにはいかない。そこには看過できない大きな問題が含まれる。「学びの共同体」がその「挑戦的」な姿勢とは裏腹に、子どもたちの学びをやせ細らせ、学びの創造性を脆弱にする危険をもつ。既に柴田義松(2)、折出健二(3)、久田敏彦(4)などが批判的検討を行っているが、それらを踏まえつつ国語科教育の切り口から「学びの共同体」の検討を試みる。とくに国語科の「教科内容」と「教育方法」の観点から検討をする。

1 「学びの共同体」の教科内容論の脆弱さ

「学びの共同体」論では教科内容論が極めて弱い。授業で教科固有のどういう内容を学ばせるかについての検討がほとんどない。脆弱ともいっていい状況である。

「学びの共同体」論の特徴としては「他者の声を聴き合う関係を基盤として成立」「男女混合四人グループ」「学び合い関係を築く」「たずねることを習慣化」「背伸びとジャンプのある学び」などがある。教師には「『聴

く』『つなぐ』『もどす』の三つの活動を貫く」「即興的対応によって創造的な授業を追求する」ことが求められる。(5)

まず取り上げたいのは「背伸びとジャンプ」である。「ジャンプ」というとヴィゴツキーの「発達の最近接領域」を連想するが、佐藤の「ジャンプ」はそれとは違う。佐藤はこれを「自らのベストをつくして最高のものを追求するという意味の卓越性」ととらえる。(6) 佐藤が協同研究で入っていた茅ヶ崎市立浜之郷小学校の授業などを見ると、「発達の最近接領域」とは無縁のようである。

それに関わり、まず佐藤によって紹介されている同校の「モチモチの木」(斎藤隆介)の3年生の授業について検討する。(7)「豆太は見た」の章で豆太が真夜中にじさまの異変に気づく部分の読みの授業である。音読の後、「自分の思ったこと」を書き込ませる。子どもたちの「交流」では「ねまきのまんま走って、すごく急いでいる」「こわかった。じさまが死んだら、こわかった」などの読みが出てくる。教師は「『こわかった』っていくつ出てくる?二つ出てますよ」と促す。

佐藤はこの教師の対応が「この授業の展開を決定づけたと言ってよい」と述べている。子どもは「豆太のおとうが死ぬときも、こんなにこわかったのかなあ」「『じさまぁっ』と『じさまっ』って2回、言っているけど、びっくりの意味が違う」などと発言する。教師が「じさまぁっ」と「じさまっ」の違いを尋ねると子どもは「あとのほうは、じさまの様子にびっくりして大声になっている」と答える。「なきなき」が二回あるという指摘もある。「2回目」は「じさまのことを考えたら、もっとこわくなって泣いたのね」という子どもの発言もある。

確かに子どもは前向きに作品を読もうとしている。しかし表層の読みの域をほとんど出ていない。「じさまぁっ」と「じさまっ」の違いについて「あとのほうは、じさまの様子にびっくりして大声になっている」という子どもの発言があるが、豆太は一回目は熊のうなり声だと思い「じさまぁっ」と言い夢中でじさまにしがみつこうとしている。二回目はうなり声がじさまであることに気がつき「じさまっ」と言っている。しかし「あとのほうは」「大声」という読みが何の検討もなく授業が進行する。ここでは夜中に熊が出現して驚く一回目の声の方が大きいという読みが出てきてもよいはずである。それが唯一の読みであると言っているのではない。大切なのはどちらが「大声」であるかをめぐって本文に戻りながらその検討が展開されることである。「じさまぁっ」の「ぁっ」の表現についての検討も全くない。これでは「聴き合い」にもなっていない。

ここは、初めて豆太がそれまでと違う人物像を見せる場面である。だからこそ前半の豆太の臆病と比べることが有効である。夜は一人で「しょんべん」にも行けない「おくびょう豆太」が強調され、おとうやじさまの勇気との対比が示されている部分に戻ってみる。その伏線を振り返りつつ豆太の変容を読むと作品の面白さもより際立つ。構造的・俯瞰的に形象をつなげるという読みの方法を学ぶ機会でもある。しかし、そういう読みや学びは全く出てこない。また「こわかった」が二回繰り返されることは教師によって指摘されているが、二つの意味が大きく違うことは全く検討されていない。一つ目の「こわかった」は夜道の怖さだが、二つ目の「こわかった」は「大すきなじさまの死んでしまう」「こわさ」である。後者をなぜ「悲しさ」ではなく「こわさ」で表現したのか。そこは作品にとって重要な要素である。語句の多義性から人物の見方を読むことを学ぶ機会である。

佐藤は、「この教室の学びの根底にあるのは、子どもたちの個性的で多様なテキストとの出会いと対話であり、子ども相互の聴き合う関わりである」と述べ、「子どもたちはテキストをじっくり読み込んでおり」「新たな読みを発見している」と評価する。そして、それは教師の「対応が『聴く』ことを中核としている」からと述べる。しかし、実際には「発見」とはほど遠い表層の読みばかりである。「即興的対応」による「創造的な授業」というならば、高い「創造」につながる新しい観点を教師が示してもよいはずである。「創造的」どころか、重要なプロットや形象の仕掛けを読み落とす授業となっている。

授業者自身による「アレクサンダとぜんまいねずみ」の二年生の授業紹介を見ても、残念ながら表層の域を出ていない。[8] 作品の「とかげよ、とかげ。ウイリーを、ぼくみたいなねずみにかえてくれる?」をめぐり、子どもは発言をしていく。しかし「アレクサンダは、ウイリーが友だちだから、一番の友だちだからいったんだと思う」「アレクサンダは、ウイリーをねずみにしてたすけようとした。うごけるように」などの発言で終わっている。この後、「とかげよ、とかげ。」の4行前の「おまえは、だれに、それとも、何になりたいの?」について発言が始まる。ここでも「アレクサンダはやさしいと思った」「でも、そのままだとウイリーはごみばこゆきになってしまうから、ウイリーだけのことを考えて、ウイリーをねずみにすることしか考えない」などの発言だけである。

この授業について教師自身は「この作品のもつ素晴らしさを十分に読み味わうことができた。」と書いている。ここでは、一度は「ぼくも、ウイリーみたいなぜんまいねずみになって、みんなにちやほやかわいがられてみたいなあ。」と強く思ったアレクサンダの見方に戻り、そこからの変化の大きさに気づかせることで読みがより創造的になる。さらに作品の冒頭で「たすけて!たすけて!ねずみよ!」と人間においかけられ、ねずみであることにこりごりしているウイリーの場面に戻ることで作品の読みがより豊かになる。ここも、作品を構造的に振り返り形象をつなげて読むことの楽しさを学べる機会だったはずである。しかし、そういった読みの過程は全くない。

たとえば構造的に作品を振り返り比べた後の読みについては、多様性や分裂がさまざまにあってよい。予定調和的な読みを期待しているわけではない。「豆太はやっぱり臆病なままかもしれない」とか「でもこわい中で医者様を呼びに行けたんだから臆病でなくなった」などさまざまな解釈があってよい。「ねずみになって二人とも幸せになった」「人間から嫌われて追いかけられることは変わらないんじゃない」などの差違が出てくることも大切である。そういうさまざまな解釈を生み出すためにも表層でなく、もっと深層に迫る読みが必要である。

教科内容に関わり、二つの要素を重視する必要がある。一つは、作品や文章の深層に基づく新たな「読み」を展開し発見することと、それにより、より質の高い「読む方法」を学び「読む力」を身につけることである。もう一つは、その「読み」や「読みの方法」「読む力」が自分の在り方にどういう意味をもっているかを子どもが意識することである(「道徳教育」とは無縁のものである)。

一つ目では、それまで子どもたちがもっていなかった新しい読みの観点や切り口・方法によって、新しい「読み」を見いだし発見してく過程が重要となる。それは子ども相互の意見交換や討論によることもある。教師の発問や助言、「ゆさぶり」が意味をもつこともある。実際には教師が事前に考えていた以上の新しい読みが生まれることがある。ただし、それは特定の「読み」が絶対化されることを意味しない。他の子どもからの「異論」や「問い直し」も出てくる。そこでも討論が必要となる。そしてそれを通じて子どもたちは新たな読みの方法、読みの力を身につけていく。そしてその読みの方法や読みの力そのものに対する「問い直し」や「更新」も（その時間内とは限らないが）行われていく（そこには批判的・批評的な「読み」と「読みの方法」「読む力」を含む）。

二つ目は、作品や文章の「読み」や「読みの方法」「読む力」について、それらが自分のものの見方・考え方や自分の言語生活とどう関わるかを見直す過程である。ただし、それは表層の読みや恣意的な読みに基づくものであってはいけない。文学の場合は、その作品の読みを超えて、自分と文学との関係の再構築（問い直し）という要素を含むことがある。説明的文章の場合は、それまで「絶対」と考えていた教科書や活字への「疑問」「批判」の可能性の発見という要素を含むこともある。ここでも子ども相互の意見交換や討論によって、「再構築」や「疑問」が再度揺さぶられ問い直されることもある。

これらの教科内容が実現されることで子どもはより高い認識力を身につけ、教師の手から相対的に離れ自立していく。それは子どもたちが、自立した市民として主権者として生きていくことに深く関わっていく。

佐藤の「学びの共同体」論には、そういった教科内容論がない。確かに「真生性」「著者性」という言い方で子どもが「自己の存在の内面の真実を探求する」こと、「あらゆる権威や予見に左右されず、内なる真実に即して思考し行動すること」を佐藤は重視している。(9) しかし、右のような表層の「読み」に止まっていて、「内面の真実を探求」「内なる真実に即して思考し行動」などとうていできない。理念と実際の授業の教科内容の在り方とに著しい乖離がある。教科内容論の脆弱さゆえである。

2　「学びの共同体」論には子ども相互の学び合いの質を高めていくための教育方法論が欠落している

教科内容の脆弱さとも関わるが、「学びの共同体」論は、「『聴く』『つなぐ』『もどす』の三つの活動を貫く」という教師の指導性についての強い限定があるために、子どもの読みの差違や分裂が多様に豊かに立ち上がってこない。それらを生かした子ども相互の検討や問い直しも弱い。「即興的対応」も実際には機能していない。子どもの「学び」を重視するあまり、教師の指導性が発揮できず、読みが表層に止まっているのである。

既に述べたが佐藤の「学びの共同体」論は「他者の声を聴き合う関係」「男女混合四人グループ」「学び合い関係」等を特徴とする。「他者の声を聴き合う」ことに異論はないが、右で見たような「聴き合い」だけでは「学び」は豊かにならない。自立した市民・主権者は育たない。

ここで問題にしたいのは「男女混合四人グループ」と「学び合い」である。私はこれらを否定するものではないし、むしろ私自身も「グループ」「学び合い」について学習集団論というかたちで検討を重ねてきた。

「学びの共同体」の「男女混合四人グループ」や「学び合い」を見ると、そのグループでの学びの質を高め保障するための方法・方略がほとんど見えてこない。

「四人グループ」になるということは、その間、教師の助言や援助なしに自分たちだけで学びを進行するということである。教師が机間指導するにしても、一つのグループに行っている間は他のグループは子どもたちだけである。その間、子どもたちはどういう話し合いや意見交換をしているのか。その質を保障するための手立ては何なのか。とくにその教科があまり得意でない子ども、グループの中でも発言することを躊躇する子どもがいた場合は、どうするのか。グループごとに学習リーダーは必要ないのか。また、そこでもし意見の差違が顕在化した際はどうしたらいいのか。たとえば小説のクライマックスの箇所をめぐり複数の見解が出た際に子どもたちはどうするのか。討論をしてはいけないのか。

グループで学ぶことは教育方法としてさまざまな利点がある。全体の場では発言しにくい子どももグループだと比較的発言しやすくなる。意見交流、意見交換、創造的対話、討論などにより、新しい見方や発見が生まれる。全体への発言も「グループの意見」として発言することで、ずっと発言しやすくなる。しかし、同時にメンバーによってはうまく話し合いが進まないこともある。意見の差違が感情的対立を生むこともありうる。グループという力によって個の意見がひっこんでしまう危険もある。そういったさまざまな課題が「グループ」にはある。

だからこそ、その課題を克服し、より質の高いグループでの学びが展開できるようにするための方法・方略が必要なのである。それを学習集団論では追究してきた。残念ながら「学びの共同体」論ではそれが見えない。

また「学びの共同体」論ではグループや学級で「討論」を積極的に展開させることがほとんどないようである。しかし、討論によってより豊かにより深く「他者の声を聴き合う」関係が出来る。討論しているうちに、「他者」の声の意味が一層のふくらみをもって伝わってくることも多い。最後まで一致しないことがあってもいい。一致しない場合でも、相互に気づいていなかった「他者」の声、さらには教材や検討対象のもっている多面性が見えてくることもある。それが「学びの共同体」論では見えてこない。これは「1」で述べた教科内容論の脆弱さとも深く関わるのかもしれない。教科内容の丁寧な追究がない中では、子ども相互の現象としての「聴き合い」「つな」がり、「交響」がそれなりに生まれればそれでよいことになる。それによってどういう「読み」や「読み方」が生まれているかが問われることはない。

グループでの話し合いやそれを生かした授業記録がほとんどないために、ここでは具体的検討はできないが、少なくとも佐藤はこれらの疑問に答える必要がある。

注

（1）久田敏彦「『学びの共同体』論の検討—学習集団論の発展的継承との関連において」大阪教育大学大学院学校教育専攻教育学専修『教育学研究論集』11、二〇一四年、四～七頁
（2）柴田義松『批判的思考力を育てる』二〇〇六年、明治図書
（3）折出健二「『学びの共同体』と学習集団論」日本教育方法学会編『教育方法34』二〇〇五年、図書文化
（4）前掲書（1）
（5）佐藤学『学校改革の哲学』二〇一二年、東京大学出版会、一二二～一二四頁
（6）前掲書（5）、一二二頁
（7）佐藤学『教師たちの挑戦—授業を創る 学びが変わる』二〇〇三年、小学館、八～一九頁。
（8）大瀬敏昭（著者代表）、佐藤学（監修）『学校を変える—浜之郷小学校の5年間』二〇〇三年、小学館、一三一～一三七頁
（9）佐藤学「教室という政治空間—権力関係の編み直しへ」『教育学年報3　教育のなかの政治』一九九四年、世織書房、一二三頁

1 「あめ玉」(新美南吉) の1時間の授業の全授業記録とコメント

熊谷 尚(秋田大学教育文化学部附属小学校)

授業日時 二〇一四年五月二日(金) 1時間目
授業学級 松戸市立六実小学校
5年1組(男子17名、女子14名、計31名)
授業者 柳田 良雄先生

＊該当箇所の教材本文は、126頁に掲載。
＊以下、破線内のコメントは熊谷による。

教師① 昨日は大変よい勉強ができました。まず、「裏読み」ができるようになりました。ちひろさんが群を抜いてよかったことを述べました。「飛びこみました。」を「飛び乗りました。」というふうに、言葉を変えて読んだ、あのように読むんです。

【このほかに、叙述から複数の読みを見いだしたこと、反論や付け足しなどの意見が出たことなどを評価し、活躍した子どもを称揚。】

教師② 今日も続きをやります。ちひろさんの意見を乗り越えるような意見を出してごらんなさい。
それではタイトルを書きます。(板書) 学習問題を言います。先生が口頭で一回言うから、聞き取れた人はすぐに書き始めなさい。「さむらいは、どんな人か②」。(板書) 書けたら鉛筆を置いて、よい姿勢を取りなさい。(子どもを指して確認)。音読できる者、挙手。

教師③ いっぱい手が挙がった。ノザキくん。

子ども 「舟は出ました。さむらいは舟の真ん中にどっかりすわっていました。ぽかぽかあたたかいので、そのうちにいねむりを始めました。」

教師④ いい声だ。さすが応援団だ。続けて。

【「子どもたちはだまりました。」まで、子どもを指名→音読→評価を繰り返す。】

教師⑤　よし、よく読めた。定規、鉛筆を出しなさい。復唱します。「さむらいは舟の真ん中にどっかりすわっていました。」

子ども　「さむらいは舟の真ん中にどっかりすわっていました。」

教師⑥　ここから「さむらい」の様子、わかると思う人？

子ども　はい。（挙手）

教師⑦　わかるよ。じゃあ、線引いて。わかった人、まだ言わないで。（教師が本文の模造紙に線を引く。）

【「…ふふふと笑いました。」まで、復唱→線引きを繰り返す。】

教師⑧　この三文から「さむらい」の様子がいろいろわかります。前回同様、一行空かし、箇条書き、できるだけちひろさんが書いたように、「この言葉からこういうことがわかる」と、いくつも書いてごらんなさい。五分間でやります。はじめ。

ここまで、やや機械的な印象もあるが、子どもとテンポよくやり取りをしながら授業を進めている。学習規律の定着を図ろうとしているのだろう。また、子どものよさをその場で認め、励ます言葉かけが随所に見られる点には、非常に好感を覚える。

教師⑨　（途中で全体に）「さむらい」の様子だ。昨日は、クボさんは「天然」って書いたぞ。「ジャンプ力」って書いた子もいたぞ。全然思いつかない子、手を挙げて。はい、先生のところにおいで。

【前にいる教師のところに何人かの子どもが集まる。また戻って個人で考える。その途中で。】

教師⑩　三つ以上書けた者、挙手。おっ、いたいた、一人。オッケー。

【また、個人で考える】

教師⑪　やめ。途中の人もぱっと文を切りなさい。「班会議」をします。今日は、一二人が意見を聞いて、一二人に板書してもらいますから。やるよ、班会議。五分ほど。はじめ。

【机をグループ形態にして、話し合い。教師、黒板にグループごとの表を書いている。終わって、机間指導に

入る。】

教師⑫ おお、三班いいなぁ。じゃあ、決まったら出てらっしゃい。丁寧に書いて。おお、七班も来た。

【各グループ代表の子どもが、前に出て意見を板書。】

教師⑬ はい。では「話し合いのかたち」。指名しますから、返事をしてしっかり読んで。ほかの人たちは、聞きながら、「付け足し」「なるほど」と、いろいろ考えながら、意見を準備しなさい。では、エビタニくん。

子ども はい。船酔いしにくい人だと思います。

教師⑭ チカさん。

子ども えらそうなさむらいだと思いました。

教師⑮ オガワくん。

子ども 自分のことしか考えない人だと思います。

教師⑯ どこからそう思ったんだろうねえ。なるほど。ミヤモさん。

子ども こわそうなさむらいだと思います。

教師⑰ オオノさん。

子ども こわくて強そうなさむらいだと思います。

教師⑱ コジマさん。

子ども はい。のんきなさむらいだと思いました。

教師⑲ よい言葉だねえ。ノザキくん。

子ども はい。「強そうなさむらい」という言葉から、強いさむらいなのだろうと思いました。

教師⑳ なるほど。オカさん。

子ども はい。「そのうちにいねむりを始めました。」より、「いねむりをしました。」のほうがいいと思います。

教師㉑ ふーん。「始めました」より「しました」の方が、オカさんの語感に合ってる。ヤマグチさん。

子ども 「真ん中にどっかりすわって」いるから、大きい体をしていると思いました。

教師㉒ なるほど、体格まで及んだぞ。ヤマナカさん。

子ども はい。普通さむらいは、船頭に「早くしろ！」といばるのに、このさむらいは「真ん中にどっかりすわって」いねむりをしているので、優しいんだと思います。

教師㉓　「早くしろ！」そんなこと言わないで、（真ん中にどっかりすわる様子をジェスチャーで）マツオくん。

子ども　はい。さむらいは深いねむりについていると思います。

教師㉔　ウノさん。

子ども　さむらいはどっかりすわっているから、すごく偉そうな人だと思いました。

教師㉕　先生から一番遠いのに、すごくよく聞こえる。いい声だ。ユウマくん。

子ども　目つきがこわそうなさむらいだと思います。

教師㉖　目つきまで及んだ。いい想像力だ。

子ども　（つぶやき）「目つきがこわそう」って、なんかおかしくない？

教師㉗　なるほど。では、板書について付け足し、反対があったら、いろいろ教えてください。マツオくん。

子ども　僕は、深い眠りについていると読み取ったのは、「子どもたちはおかしくて、ふふふと笑いました。」で、そこの時点で起きないのは、けっこう深い眠りについていると思ったからです。

子ども　はい。それについて意見があります。

教師㉘　では、エグチくん、どうぞ。

子ども　はい。僕はマツオくんに賛成です。なぜかというと、「こっくりこっくり」という言葉は、テレビとかでもやってるけど、アニメとかだと、鼻をこうやって（顔の前で手を使って鼻ちょうちんを表し）、ふうっとやってるときに、「こっくりこっくり」と書いてあったりするので、ここにも「こっくりこっくり」と書いてあるので、僕は合っていると思いました。

教師㉙　「こっくりこっくり」誰かやってくれ、ここで。「こっくりこっくり」の動作を。ほかにいないか。

【ある子どもが動作】

教師㉚　はい、拍手。どうぞ。

【別の子どもが動作】

教師㉛　うまいな。拍手。彼がやったように、「こっくりこっくり」から、「のんきだなあ」って感じるね。「こっくりこっくり」に注目した人、手を挙げてごらん。

【複数の子どもが挙手】

教師㉜　はい、手を降ろしてください。「こっくりこっくり」から、「さむらい」の様子が読めるんだよ。こういうのをね、「擬態語」っていうんだ。
子ども　擬態語？
教師㉝　ちょっと大きな字で書くから。（板書）はい。書いてごらん、ノートに。「ぎ・た・い・ご」。
（漢字の横に読み仮名を板書）この字、わかる？
子ども　（つぶやき）擬態語って何？
教師㉞　「擬態語」の下に「こっくりこっくり」って書いてごらん。それからね、その横に、ダイチくんが言ってくれた「ぐうぐう」って書いてごらん。こういうのを擬態語といいます。こういう言葉に着目するんだよ。これが読み方の一つだ。じゃあ、聞いてみよう。「寝る」の擬態語。「ぐうぐう」とかね。他に「寝る」の擬態語は？
子ども　（つぶやき）「すやすや」。
【教師が挙手を促す】
教師㉟　ヤマナカさん。
子ども　はい。「うとうと」。
教師㊱　いいねえ。
子ども　はい、先生。
【複数の子どもが挙手】
教師㊲　ダイチくん。
子ども　「すやすや」。
教師㊳　ミサオくん。
子ども　「むにゃむにゃ」。
教師㊴　あぁ、いいねえ。「むにゃむにゃ」夢見てる。まだあるの？
子ども　はい。「ぐっすり」。
教師㊵　おぉ。（挙手している別の子どもを指名）
子ども　えっと、「ぐうぐう」。
【教師が黒板を指さす】
教師㊶　よぉし。じゃあ、「泳ぐ」の擬態語は？
子ども　はい。はい。【複数の子どもが挙手】
教師㊷　はい。コスミくん。
子ども　「すいすい」。

教師㊸　いいねえ。
【別の挙手している子どもを指名】
子ども　「ばしゃばしゃ」。
教師㊹　いいねえ。じゃあ、「食べる」の擬態語。
子ども　はい。はい。【複数の子どもが挙手】
教師㊺　じゃあ、エビタニくん。
子ども　はい。「もぐもぐ」。
教師㊻　んー。じゃあ、キョウタくん。
子ども　はい。「むしゃむしゃ」。
教師㊼　いいねえ。リョウタくん。
子ども　「ぱくぱく」。
教師㊽　いいねえ。コウちゃん。
子ども　「ぐちゃぐちゃ」。
教師㊾　あっ、「ぐちゃぐちゃ」。はい【別の挙手している子どもを指名】
子ども　「むしゃむしゃ」。
教師㊿　「むしゃむしゃ」、いいんだよ。はい。【別の挙手している子どもを指名】
子ども　「がつがつ」。
教師51　あぁ、いいなあ、「がつがつ」。はい。【別の挙手している子どもを指名】
子ども　「しゃきしゃき」。
教師52　「しゃきしゃき」、あっ、野菜なんか？　おぉ。はい。【別の挙手している子どもを指名】
子ども　「かりかり」。
教師53　「かりかり」、まあ、いいだろう。オッケー。体の動きを表すのを「擬態語」っていうんだよ。いいね、共感できたなあ。はい。他に。別件で。
子ども　はい。

「擬態語」とは何かを印象付け、子どもの言語感覚を磨くという点では、有意義なやり取りだったであろう。しかし、肝心の「こっくりこっくり」が置き去りにされた感は否めない。「こっくりこっくり」から何が読めるか、もう少し時間をかけて話し合っていれば、「のんき」「優しい」などといった人物像につながる読みを引き出せたのではないだろうか。

教師54　別件だよ。じゃあ、ユウチくん。
子ども　はい。僕は、「強いさむらい」と書いた人の全員に反対をします。僕は、さむらいは強くえらそうにしていて、意外と弱い、っていうより、やさしいさむらいだと思います。

教師㊺ うーん、なるほど。じゃあ、鉛筆を持ちなさい。さむらいは強いと思う人は「強い」、強いとはいえないと思う人は「強いとはいえない」。どちらか書いてごらん。

子ども （つぶやき）わからへんなあ。

教師㊻ はい。「強い」と書いた人？

【複数の子どもが挙手】

教師㊼ 「強いとはいえない」と書いた人？

【複数の子どもが挙手】

教師㊽ はい、手を降ろして。じゃあ、これについて意見を戦わせよう。はい。ケンショウくん。ケンショウくんの方をごらんなさい。

子ども 「土手の向こうから手をふりながら、さむらいが一人走ってきて、舟に飛びこみました。」っていうことは、勇気がいると思います。

教師㊾ だから、強いんだ。

子ども 反論です、反論です。【複数の子どもが挙手】

教師㊿ はい、エビタニくん。

子ども 僕は強いんだと思います。「黒いひげを生やして強そうな」と書いてあるから、強いと思います。

子ども はい。はい。【複数の子どもが挙手】

教師61 「強そうな」と書いてあるから強いんだ。

子ども はい。

教師62 ミーナさん。

子ども 「黒いひげを生やして強そうな」って書いてあるけど、「強い」とは書いてなくて「強そうな」だから、「強い」とはいえないと思います。

教師63 どっちなんだよ。ここが勉強なんだ。どっちなんだよ。ダイチくん。

子ども 僕は、「強いとはいえない」と書きました。

教師64 理由は？

子ども 理由は、普通のさむらいなら、いねむりを邪魔されたら怒ってキレちゃうのに、なんかいねむりを邪魔されたのに怒んなくて、あめ玉を切ってくれたから…。

教師65 おー、ちょっと待て、ダイチくん。ここではどうだ、ほら。邪魔されたことはまだわかんないから、ここのことで言うんだぞ。ユウマくん。

子ども はい。僕は、強い人だと思います。その前の…。

教師66 いいよ、言ってごらん。

子ども　えっと、「土手の向こうから」ジャンプするぐらいだから、運動神経はあると思います。運動神経がなかったら、舟に飛び降りないで、川にじゃぽんっていくと思います。

教師㊼　はい、エグチくんに注目。

子ども　僕は、強いとはいえないと思います。理由は、「強そうに」とは書いてあるけど、本当に強い「さむらい」なら、舟のど真ん中に座るかもしれないけど、いねむりを始めないと思うからです。

教師㊽　それじゃあ、もう一回、最終的に聞くよ。まっすぐ手を挙げなさい。「強い」といえるか、「強いというわけではない」か。「強い」の人。

【子どもが挙手】

教師㊾　「強いというわけではない」の人。

【子どもが挙手】

教師㊿　はい、手を下ろしなさい。では、大事な説明をしますから、定位置に戻しなさい。

【机を元の位置に戻す】

教師71　二つ目の大事な言葉を教えます。鉛筆を持ちなさい。「視点」と書いてごらん。ここに書くよ。（教師が「視」と板書）はい。この字を書いてごらん。

子ども　視点を変えて考えてみる。

教師72　えっ、そういう言葉が頭の片隅にあるんだ。すごいなあ。（続けて「点」と板書）

教師73　読めない人、ここに「してん」と振り仮名を振ってごらん。書けたら、鉛筆を置きなさい。これが今日の大事な二つ目の言葉だ。私の方をしっかり見なさい。強そうに感じたのは誰だ？

子ども　（つぶやき）「さむらい」「おかあさん」。

教師74　「おかあさん」や「子どもたち」、特にどっちだ？

子ども　（つぶやき）「おかあさん」。

教師75　そうだ。おかあさんが、さむらいを見て、強そうだなと感じたんだ。さむらい自体は、ひげを生やして、どっかりすわって、こっくりしていて、どんな人物だかわからない。このお話は、おかあさんからさむらいを見ているように書いてあるんだ。昨日、○○さんはこう言ったんだよ、「土手の向こうから手をふりながら、さむらいが一人走ってきて、誰だかよくわからないんだ」って。おかあさんは舟にいた。おかあさんから見ている物語だから、わからないんだ。この文章の中に、おかあさんから見ているっていうのがはっきりわかる言葉は何だ？

子ども 「土手の向こうから」。

教師76 違う。

子ども 「一人」。

教師77 違う。

子ども 「舟が出ようとすると」。

教師78 違う。

子ども 「一人走ってきて」。

教師79 一人走って？

子ども 「きて」。

教師80 「土手の向こうから」、「一人走ってきて」って書いてあるだろ？ってことは、舟の中にいる人が言ってるんだよ。誰だかよくわかんない人が走ってきて、ということなんだよ。このお話は、「おかあさん」から見ているお話なんだ。そういうところが、この後もいっぱいあるんだよ。この「視点」っていうことをこの後も考えてみなさい。

「視点」について、5年生の子どもにも理解できるように丁寧な説明がなされているが、「視点」を押さえた上で、もう一度「さむらいは『強い』のか、『強いというわけではない』のか」の問題に立ち戻ったらよかったのではないだろうか。「強そうな」が「おかあさん」の視点で書かれていることを、全体の場で確認して終わりたかった。

教師81 もう一回、復唱。二つ教えたよ。「擬態語」。

子ども 「擬態語」。

教師82 「こっくり」「ぐうぐう」とか、「もぐもぐ」とか、「すいすい」とか。次、「視点」。

子ども 「視点」。

教師83 このお話は、誰から見てるかっていうのがすっごく大事なんだよ。今日、板書した人、手、挙げ。【子どもが挙手】はい、よくできた。音読した人、手、挙げ。【子どもが挙手】はい、よくできた。発表した人、手、挙げ。【子どもが挙手】はい、よくできた。いい勉強ができました。おしまい。

あめ玉

新美《にいみ》　南吉《なんきち》　作

（『国語　五　銀河』光村図書、二〇一〇年、10～14頁）

春のあたたかい日のこと、わたし舟《ぶね》に二人の小さな子どもを連れた女の旅人が乗りました。

舟が出ようとすると、

「おうい、ちょっと待ってくれ。」

と、土手の向こうから手をふりながら、さむらいが一人走ってきて、舟に飛びこみました。

舟は出ました。

さむらいは舟の真ん中にどっかりすわっていました。ぽかぽかあたたかいので、そのうちにいねむりを始めました。

黒いひげを生やして強そうなさむらいが、こっくりこっくりするので、子どもたちはおかしくて、ふふふと笑いました。

お母さんは口に指を当てて、

「だまっておいで。」

と言いました。さむらいがおこっては大変だからです。

子どもたちはだまりました。

しばらくすると、一人の子どもが、

「母ちゃん、あめ玉ちょうだい。」

と、手を差し出しました。

すると、もう一人の子どもも、

「母ちゃん、あたしにも。」

と言いました。

お母さんは、ふところから紙のふくろを取り出しました。ところが、あめ玉は、もう一つしかありませんでした。

「あたしにちょうだい。」

「あたしにちょうだい。」

二人の子どもは、両方からせがみました。あめ玉は一つしかないので、お母さんはこまってしまいました。

「いい子たちだから、待っておいで。向こうへ着いたら、買ってあげるからね。」

と言って聞かせても、子どもたちは、

「ちょうだいよう、ちょうだいよう。」

と、だだをこねました。

いねむりをしていたはずのさむらいは、ぱっちり目を開けて、子どもたちがせがむのを見ていました。

お母さんはおどろきました。いねむりをじゃまされたので、このおさむらいはおこっているのにちがいない、と思いました。

「おとなしくしておいで。」

と、お母さんは子どもたちをなだめました。

けれど、子どもたちは聞きませんでした。

すると、さむらいがすらりと刀をぬいて、お母さんと子どもたちの前にやって来ました。

お母さんは真っ青になって、子どもたちをかばいました。いねむりのじゃまをした子どもたちを、さむらいが切ってしまうと思ったのです。

「あめ玉を出せ。」

と、さむらいは言いました。

お母さんは、おそるおそるあめ玉を差し出しました。

さむらいはそれを舟のへりにのせ、刀でぱちんと二つにわりました。

そして、

「そうれ。」

と、二人の子どもに分けてやりました。

それから、また元の所に帰って、こっくりこっくりねむり始めました。

2 授業へのコメント その1
――文脈にそった読みを

豊田ひさき（中部大学）

1 言語活動の方向性

班での話し合い、子どもの発言力の活発さなど学習規律面では、よくぞここまで育てられたものと敬意を表する。しかし、言語活動を生かすという点では、子どものその活発さが空回りしている観がする。遠慮なく注文を付けさせていただく。

先ず、前時に「飛びこみました。」のところを、「飛び乗りました。」と替えて読んだことを評価し、今日はそれを超える読みをしようと教師は語りかける。この言い替え、本当に言語活動を生かすことになっているのか。

本時後半で、「視点」を教える際、本文は母に寄りそった視点から書かれていることに気づかせる予定なら、「飛びこみました」を「飛び乗りました」と替えることは、間違いではないか。母に寄りそった視点からは、向こうから走って来て、船に乗っている母子の前に「飛びこみました。」しかないではないか。言語活動を生かすとは、個々の言葉だけをとりあげて、言い替えさせることではない。その言葉がはめ込まれている文脈の中で読みとっていくことが本筋であろう。

それと同時にもう一つ気になったことは、この渡し船の大きさを子ども（そして教師も）はイメージできているのだろうか。この侍はおそらく下級武士だと思われるが、江戸時代の支配階級である侍が、船に飛び込んできて、船の真ん中にどっかりと坐る→それを見ている母子との間隔はどれくらいか。「ふふふと」笑う声が聞こえるぐらいの狭い間隔→それはせいぜい二～三メートルだろうというイメージが子ども（教師）にできていたのか。この辺の状況をリアルに子どもたちがイメージできていることが、言語活動を生かす前提になる。

2　形象の相関を読みとる

本時の学習課題「さむらいは、どんな人か」で、強そうなのか否かということを巡って、活発な意見が出されている。侍の人物像は、二〜三メートルしか離れていない目の前にどっかりと座っている。それを目の当たりにした母に寄りそった視点から見れば、「強そうに思われる」しかないのではないか。このことを読み取らせるように授業を展開していくことが、言語活動を生かすことになる。この点を教師が強く意識せずに、侍の様子だけから、強いのか否かを考えさせることは無駄ではないか。熊谷さんも指摘するように擬態語を教えることの最後は本文に戻る必要があった。

擬態語の指導はとても丁寧ではあるが、あれだけ時間をかける必要があったのか。「泳ぐ」での擬態語の出し合いは余分であろう。かえって授業の焦点がぼけてしまった。それに、こっくりこっくりと居眠りの場面で、ぐうぐう、すやすや、ぐっすり、うとうと、と出てきた時、この場合はどれが一番ぴったりだと思うかと、もう一度本文に戻って考えさせるという方向で子どもたちの言語活動を生かしてほしかった。

居眠りしている姿を見て当時の身分制度を知らない子どもが「ふふふと」笑う→それを見た母は、侍が目を覚ましはしないかとはらはらし、「だまっておいで」と制している様子を子どもにリアルにイメージ化させる方向での言語活動をさせてほしかった。この場面で、せっかく子どもから助け船を出してくれているのに、教師が気づかなかったことは惜しまれる。

それは、「普通のさむらいなら、いねむりを邪魔されたら怒ってキレちゃう…怒んなくて、あめ玉を切ってくれたから」という発言を教師⑥⑤が「おー、ちょっと待て…ここではどうだ、ほら。邪魔されたことはまだわかんないから、ここのことで言うんだぞ」と切っている。だが、今日の場面では本当にわからないのか。二人の子どもは、髭を生やして強そうな侍が居眠りをしている姿を見て、「強いとは思えなかった」のだという推測は許されよう。こう推測することが、言語活動を生かすことになる。教師がそうできなかったのは、形象の相関関係が時間の経過と共に変わっていくことを読み取らせるという方向で言語活動を生かそうとする意識が低かったからだろう。母のはらはらと子どものふふふの対比もしてほしかった。

形象の相関関係を読みとっていく際のポイントの一つに接続語がある。本文冒頭で、「春のあたたかい日のこと」とある。本時の場面では「ぽかぽかあたたかいので、そのうちにいねむりを始めました。」とある。物語の場面は、春うららの好天気。つい侍も陽気に浮かれてウトウト居眠りし始めた。この事実を読み手がイメージし易いようにと、作者は「ので」という接続語を入れた。「ので」という接続語からそう読みとれるという発見を子どもにさせる授業展開が、言語活動を生かすことではないのか。「ので」という接続語はもう一つ、「こっくりこっくりするので、子どもたちはおかしくて、ふふふと笑いました。」でも出てくる。「先生、ここも前と同じだね」という発見をさせることができたのではないか。

ではなぜこの先生の場合、子どもの発言は活発であるのに、それができなかったのか。原因は、①子どもの発言を拾って、本文に戻る。②子ども同士の発言を絡ませようとする舵取り役に教師が徹する、という意識が低かったからではないか。一例をあげておく。

子ども　目つきがこわそうなさむらいだと思います。

教師㉖　目つきまで及んだ。いい想像力だ。

子ども　（つぶやき）「目つきがこわそう」って、なんかおかしくない？

教師㉗　なるほど。では、板書について付け足し…

この場面、つぶやきではあるが、せっかく子どもの方からいい意見が出ている。にもかかわらず、教師は、「なるほど」と言うだけで次へ進んでいく。その時、「付け足し、反対があったら、いろいろ教えてください」と言っておきながら、教師は子ども同士の意見を絡め合わすこともしていない。ここで、「なるほど。本文に戻ってみると、侍が居眠りしたことは書いてあるが、何処にも目の様子を書いてないよね。今のつぶやきってすごいね。」とそれこそ評価してほしかった。そうすることが、子どもの言語活動を生かすことになるからである。

3 授業へのコメント その2
──物語の用語を教えることで子どもに読む力を育てる授業

加藤 辰雄（愛知県立大学非常勤）

1 国語科授業の受け方・学び方を教えている

「あめ玉」（光村図書、五年生）は、四月はじめに取り扱う教材である。柳田先生は「あめ玉」の授業を通して、国語科授業の受け方・学び方を教えようとしている。新学期がスタートしたばかりの頃に、このことを子どもたちに教えるのは、とても大切なことである。ノート指導、音読指導、話し方の指導、聞き方の指導、話し合いの指導、授業ルール（学習規律）の指導などを一つずつ丁寧に教えていくことが今後の国語科授業を充実したものにしていくからである。

柳田先生は「先生が口頭で一回言うから、聞き取れた人はすぐに書き始めなさい。『さむらいは、どんな人か②』」と子どもたちに学習課題を聴写させることによって授業への集中と学習課題の定着を図ろうとしている。学習課題を一回しか言わないのだから、こどもたちは聴きもらさないようにしようと集中し、ノートに書くという作業を通じて本時の学習課題を理解することになる。

音読指導では、「いい声だ。さすが応援団だ。」などと音読後に評価を繰り返している。音読したり、発言したりすることを恥ずかしがる子どもが出てくる高学年では、良かった点を短く褒めて励ますことによって、気軽に音読できる雰囲気をつくることはとても大切である。

さむらいの人物形象が書かれている文に「線引き」をする作業では、「復唱します。『さむらいは舟の真ん中にどっかりすわっていました。』」と教師が線引き箇所を読み上げ、それを子どもたちに復唱させてから線引きをさせている。このようにすることにより、全員の子どもが迷うことなく正しく線引きができるように工夫している。

また、一人ひとりの子どもが読み取ったさむらいの人物形象をノートに書かせる場面では、「一行空かし、箇条書き、できるだけ、ちひろさんが書いたように、『この言葉からこういうことが分かる』と、いくつも書いてごらんなさい。」とノートの書き方を細かく教えている。国語科授業の初期には、柳田先生のように授業の受け方・学び方を丁寧に教えていくことが大切である。

2　擬態語からさむらいの二面性に気づかせたい

どんなさむらいか、さむらいの人物像を読み取る際には、人物のセリフや描写、擬態語の効果などから、さむらいの二面性に気づかせるようにしたい。

さむらいの人物像は、「舟の真ん中にどっかりすわって」「黒いひげを生やして」の表現から、威張っていて強そうで怖そうなイメージが浮かんでくる。一方、「『おうい、ちょっと待ってくれ。』」「こっくりこっくり」の表現からは、おっちょこちょいで明るくて優しいイメージが浮かんでくる。このようなさむらいのいかめしい威張っている怖い外見と滑稽で優しい内面の両面を読み取ることが読み取りのポイントになる。

柳田先生は、「こっくりこっくり」という擬態語に注目させ、大きくうなずくように首を垂れて居眠りする様子を数人の子どもに動作化させ、教師㉛「うまいな。拍手。彼がやったように、『こっくりこっくり』から、『のんきだなあ』って感じるね。」と説明している。さらに、教師㉜「『こっくりこっくり』から、『さむらい』の様子が読めるんだよ。こういうのをね、『擬態語』って言うんだ」と用語の説明をしている。動作化させ、子どもたちに共通のイメージをもたせてから、様子を表す言葉を「擬態語」として押さえているのは丁寧な指導である。

「ぐうぐう」「すやすや」「むにゃむにゃ」など眠る擬態語を取り上げたのも、子どもたちに擬態語の意味を定着させるうえで効果的であったと考えられる。

しかし、「こっくりこっくり」からイメージできるさむらいの人物像について子どもたちに問いかけ、考えさせていないのは、もったいない。柳田先生は、「こっくりこっくり」から「『のんきだな』って感じるね。」と説明しているが、「優しい人」「いい人」「おもしろい人」

などもっとたくさんのさむらいのイメージが子どもたちから出され、さむらいの二面性を読み取らせることができると考える。母親から見たさむらいのマイナスイメージが強調されているからこそ、さむらいのプラスイメージをしっかり読み取らせることは重要だといえる。

3 母親の視点で描かれていることに気づかせている

「あめ玉」は、母親の目を通して描かれているので、読者が母親の身になって読んでいること、母親だけが一人、気を揉んでいることに気づかせることがポイントになる。そのためには、登場人物に寄り添って物語を語り、展開する語り手の立ち位置である「視点」について押さえることが大切である。

柳田先生は、母親が「さむらい」という既成概念にとらわれて、外見からさむらいを強そうな人と思いこんでいることを読み取らせようとしている。「ぼくは、さむらいは強くてえらそうにしていて、意外と弱いっていうより、やさしいさむらいだと思います。」という子どもの発言をきっかけに「さむらいは強いか」、「強いとはいえないか」を考えさせるのである。どちらかの立場を明らかにさせてから、その根拠を考えさせるのはとても有効な方法である。

子どもたちからは「『強い』とは書いてなくて『強そうな』だから『強い』とはいえないと思います。」など、いろいろな意見が出てくる。そこで、柳田先生は「視点」という用語を教え、誰の視点で書かれているかを考えさせ、教師㉟「おかあさんが、さむらいを見て、強そうだなと感じたんだ。さむらい自体は、ひげを生やして、どっかりすわって、こっくりしていて、どんな人物だか分からない。このお話は、おかあさんからさむらいを見ているように書いてあるんだ。」と説明し、さむらいが本当に強いかどうかわからないことを押さえている。

柳田先生は「視点」という用語を教えることで、物語が母親の目に入り込んで語られていることに気づかせている。そして、母親の目を通して見たさむらい像であることに気づかせ、読みの方法を子どもたちに教えている。このことは、クライマックスに向けて母親のさむらいに対する恐怖感がどんどん高まっていく様子を読み取る際に大いに役立ってくる。さらに、今後他の作品を読むときにも応用でき、重要な読みの方法を指導している。

4　授業者自身のコメント

柳田　良雄（千葉県松戸市立六実小学校）

Ⅲ－1の「全授業記録とコメント」でいただいたコメントに応答する形で述べる。

……、児童とテンポよくやり取りしながら授業を進め、学習規律の定着を図ろうとしているのだろう。また、子どものよさをその場で認め、励ます言葉かけが随所に見られる……。

5年生を担任した今年度は、物語文指導において「あめ玉」「注文の多い料理店」「大造じいさんとがん」の三教材を学ぶ予定である。私が勤務する市では、教育出版の教科書を採用しているため、「あめ玉」と「注文の多い料理店」は教科書に掲載されていない。そのため他学級との調節を密にしながら進めていくつもりでいる。

「あめ玉」は最初の教材である。物語文指導と同時に学習規律確立にも力を入れた。

学級には特別支援を要する児童が一名、「ことばの教室」に通級している児童が一名、日本語理解が不十分である外国籍児童が一名在籍している。

国語については「物語の読解は好きではない」「（読解方法が）よくわからない」という児童が多い。

そこで四月当初は、

① ゆっくりとていねいに進める
② 「間違いはダイヤモンド」との標語を示し、間違いを大いに奨励する
③ 音読を重視する
④ 字をていねいに書く

の四点を中心に指導した。

その際、ほめることを常に大事にした。ほめるといっても、「すごい」とか「とてもいいね」といった漠然としたほめ言葉ではなく、いかによいかを価値づけるようにしている。授業では「すばらしい！」と短く言うだけであっても、休み時間等に「先ほどの君の発言は書かれていることをもとにした発言だった。だからすばらしいのだ」というように補足することも心がけている。また学級通信に掲載して広めることも行っている。

「擬態語」とは何かを印象付け、子どもの言語感覚を磨くという点では、有意義なやり取りだったであろう。しかし、肝心の「こっくりこっくり」が置き去りにされた感は否めない。

「視点」について、5年生の子どもにも理解できるように丁寧な説明がなされているが、「視点」を押さえた上で、もう一度「さむらいは『強い』のか、『強いというわけではない』のか」の問題に立ち戻ったらよかったのではないだろうか。

指摘の通りである。私の中には読解の手立てを教える意識が強くある。あめ玉では、擬態語、視点、対比、繰り返しを教えた。次教材の「注文の多い料理店」では、暗示、象徴等を教え、最後の「大造じいさんとがん」ではこれらの手立てを用いて、ある程度の自力での読解ができることをめざしている。この思いが強く出て、「あめ玉」を使って用語解説をするといった流れになってしまったと感じている。

先日は教科書の巻末に掲載されている「あめ」（山田今次）を学んだ。楽しく群読したが、その前に内容を分析・解釈した。その際、擬態語や視点という手立てを用いて発言する子が何人かいた。国語の物語文読解においても既習の手立てを用いるという積み上げの大切さを実感できたようだった。

1　国語科の「教科内容」は教材内容との一体性を前提に考えられていくべきである

大内善一（茨城キリスト教大学）

本誌『国語授業の改革』では、これまで第4号で「国語科の教科内容をデザインする」、第10号では「国語科教科内容の系統性はなぜ一〇〇年間解明できなかったのか」を特集している。本号での「Ⅳ　提言・国語科の教科内容の再構築と系統性」も先の特集テーマの延長線上にあるものと理解する。そこで筆者もこれまでの特集テーマの下で執筆されている諸論考をにらみながら、編集委員会から与えられた課題に関して考察を巡らしてみることにする。

なお、筆者は主たる研究分野を「書くこと（作文）」領域においてきた。しかし、「読むこと」の分野においても教材分析論（拙著『国語科教材分析の観点と方法』一九九〇年二月、明治図書）や授業構想論（拙編著『「白いぼうし」の教材研究と全授業記録』（『実践国語研究』別冊・No一一九）一九九二年八月、明治図書）に関して考察を加えてきている。そこで、本稿では「読むこと」の領域を対象にして与えられた課題に取り組んでみることにする。

1　国語科の教科内容を曖昧にしてきた根本原因

阿部昇は本誌第10号の巻頭論文に「国語科の教科内容の系統性は一〇〇年間解明されてこなかった―国語科の『教科内容』『系統性』をめぐる批判的検討と試案―」と題した問題提起を行っている。この問題提起を受けて筆者もなぜ国語科の教科内容が一〇〇年間もの間、曖昧なままに放置されてきたのかについて私見を述べるところから考察を始めることにしよう。

　国語科の教科内容が少なからぬ実践家や研究者の努力にもかかわらず、依然として曖昧であり続けたその根本原因を筆者は二つの問題点から捉えている。

　第一の原因は、「学習指導要領」「国語」の「昭和二十二年版（試案）」から現行の学習指導要領に至るまでのほぼ七十年間に及ぶ歴史的な変遷を辿りその成果と課題とを究明しようとする研究がほとんど行われていないところにある。

　学習指導要領は文部科学省がほぼ十年に一度、社会状況の変化を見据えつつ改訂を加えてきたものである。改訂に際しては、一部の研究者と学校の教員などが作成協力者として参画している。作成に当たっては一部の研究的知見が反映されているものの、その大部分は経験知を拠り所としている。したがって、その内容は科学的知見を拠り所としたものとは言えない。

　学習指導要領のこのような性格からすれば、その「内容」が国語科の教科内容として十全なものであるとの保証は得難い。当然、系統性に関しても同様である。とは言え、筆者は経験知をないがしろにしてもよいとは考えていない。国語科の教科内容の措定に際しては経験知の蓄積は貴重なのである。それ故にこそ、学習指導要領が国語科の教科内容としても妥当なものであるか否かを学会レベルでの研究対象に据えて行く必要があると筆者は考えている。

　第二の原因は、国語科の教科内容の措定に際して関連諸学からの援用が十分にはなされてきていないというところにある。ここには教員養成を巡る複雑な問題が絡んでいる。紙幅の関係でここではこの問題に深く言及することは避ける。この問題に関しては、拙著『国語科教育学への道』（二〇〇四年三月、溪水社）の「まえがき」において言及しているので詳しくはこちらを参照していただければ幸いである。

　この問題に簡略に触れておけば、要するに教員免許法上における国語科の制度的な位置づけの問題である。国語科の場合、免許法上に位置づけられている「教科専門」という科目は「国語学」「国文学」「漢文学」等である。しかし、これらの科目は実際には「教科」という概念には馴染まない。本来、「教科」という用語は学校教育課程上の概念である。右の三つの学問には「教科」という概念は見当たらない。つまり、これらの学問の内容面だけを以てしては国語科の「教科専門」とは言い得ないのである。「教科専門」という用語の正しい意味から判断するなら、それは文字通り「国語科教育学」そのものが国語科の「専門」なのである。

したがって、「国語科教育学」がいわゆる「教科の指導法」を担当し、いわゆる「教科専門」が「教科の内容学」を担当するという考え方がおかしいのである。「国語科教育学」は単なる「指導法」や「教材研究」のみを担当する科目ではない。〈内容〉あっての「指導法」であり、「教材研究」なのであって、〈内容〉抜きの「指導法」等というものは有り得ない。「国語科教育学」が国語科の方法学も内容学も切り離すことなく一体的に担っていくべきなのである。

「国語学」「国文学」「漢文学」等は「国語科教育学」の関連諸学である。したがって、「教科専門」等という用語は無用の混乱を引き起こすだけだから使用すべきではない。文字通りの〈教科専門〉は「国語科教育学」が担っていけばよい。そして、右の三学問等は国語科を支える〈国語科教養〉としての役割を担っていけばよい。

とは言え、こうした国語科の免許法上の位置づけが国語科の教科内容の措定に大きな問題点を与えてきたのである。それは、国語科を支える〈国語科教養〉が「国語学」「国文学」「漢文学」だけでは全くもって不十分だからである。少なくとも国語科の教科内容を措定するに際して必要となる関連諸学としては右の三学問からの知見だけでは到底不十分なのである。にもかかわらず、「国語科教育学」を担当する大学教員の大半が上記のような教員養成制度の下で学んできている。当然ながら、これらの教員は国語学や国文学的な教養を身にまとっている。ここに、国語科の教科内容が確立されてこなかった大きな原因があるというのが筆者の見解である。

筆者は一九八六年に大学の国語科教育学担当の教員になってからずっとこの問題に強い関心を抱き続けてきた。それで、筆者が大学院在籍中から関心を持ちささやかな考察を加えてきた「新しいレトリック理論＝新修辞学」「文体論」「表現論」「文章論」「一般意味論」「視点論」「分析批評」等の各種関連諸学の研究成果に目配りをしてきた。「表現学会」や「日本文体論学会（旧日本文体論協会）」等にも所属してきた。勿論、国語学的知見や国文学・文芸学的知見からも学ぶところは多かった。以下には、これら一連の基礎研究を取り上げながら、筆者が与えられた本特集テーマに係る一つの試案を提出してみたい。

2 国語科教材分析論からのアプローチ

筆者は右に述べたような国語科の関連諸学の知見に学びつつ教材分析のための理論的基礎を構築する作業に取り組んだ。その成果の一端を「国語科教材分析の基礎作業のために(Ⅰ)―文体論の立場と方法―」、「同(Ⅱ)―国語科教育への文体論の受容―」(共に日本読書学会編『読書科学』第一一二号、第一一三号、一九八七年十二月、一九八八年四月に掲載。後に前掲の拙著『国語科教育学への道』に収録。)と題して発表している。他にも、新しいレトリック理論、表現論、文章論、視点論等の知見を援用しつつ実際の教材を取り上げて〈教材化研究〉を行ってきた。これらの考察も『国語科教育学への道』に収録してある。

以上の教材分析論構築のための基礎作業を通してまとめたのが前掲の拙著『国語科教材分析の観点と方法』であった。前掲の各種関連諸学の研究成果に学びつつ足かけ五年程を費やしてまとめた小著である。

この小著では、教材を分析するための観点をただ網羅的に細分化するだけでなく、一連の観点項目を相互に関連づけて教材を統一的・構造的に捉えていくことを企図した。従来の教材分析の観点はこの統一的・構造的な捉え方が弱い。そこで、筆者が大きな枠組みとして拠り所としたのは、波多野完治が精力的に紹介に努めた修辞学理論であった。この修辞学理論の中の五部門、「創構Inventio/展開 Dispositio/表現 Elocutio/記銘Memoria/演示Actio」は本来古代弁論術の部門であった。これらが修辞学として発展していった際に前の三部門だけが残ったのである。この三部門は、「創構」を「発想Invention」、「展開」を「構成Disposition」、「表現」を「修辞Elocution」と言い換えることができる。

筆者はこれらの三部門を従来の教材分析論の成果をも踏まえつつ、「発想・着想」「文章構造」「表現・修辞」と言い換えて分析観点のための大きな柱として設定したのである。

なお、これらの三部門は元々話し方の技術体系である弁論術から発展進化を遂げた書き方の技術体系である修辞学の枠組みであるから、当然文章制作のための順序に並んでいる。そこで、文章教材を読んでいくための分析観点としては、順序を逆にして微視的な柱から巨視的な柱へと配列することにしたのである。

これらの大きな柱の下に次のような十三の中項目と五十の小項目とを構造的に配置している。

Ⅰ　教材の分析観点としての表現・修辞

一　表現方法

1　文章の〈表現方法〉に関する考察

2　〈表現方法〉分析の観点と実際

（1）語り（「叙事」を含む）／（2）説明／（3）描写／（4）会話・内話

二　表現技法（修辞法）

1　比喩法（1）直喩／（2）隠喩／（3）活喩（擬人法）／（4）声喩（擬声語・擬態語）

2　対比法／3　反復法（類比）／4　倒置法／5　省略法／6　設疑法

三　文末表現

1　現在形止めと過去形止め／2　断定形止め／3　推量形止め／4　否定形止め

四　語彙・語句

1　色彩語／2　象徴語／3　接続語／4　指示語／5　漢語・和語・外来語（1）漢語・和語／（2）外来語／6　慣用句／7　方言・俗語／8　品詞（1）副詞／（2）数詞／（3）助詞

五　句読法・表記法

1　句読法（1）句読点／（2）ダッシュ（—）／（3）リーダー（……）／2　表記法—漢字・ひらがな・カタカナ—

六　さし絵・写真・図表

1　さし絵／2　写真／3　図表

Ⅱ　教材の分析観点としての文章構造

一　文章の構成・配置

1　構成・筋（プロット）（1）構成／（2）筋（プロット）／2　文章題／3　冒頭と末尾（1）冒頭／（2）末尾

二　主要語句の連鎖

三　視点

1　視点の意味／2　書き手・語り手・作中人物読み手／3　視点の設定（1）一人称（限定）視点／（2）三人称限定視点／（3）三人称全知視点／（4）三人称客観視点／4　視点の転換

Ⅲ　教材の分析観点としての発想・着想

一　文章制作の動機・意図
二　題材・素材の選び方、とらえ方
三　構成意識
四　表現態度

以上が前掲の小著の〈目次〉に基づいた読みの教材分析の観点である。これらの観点のうち「Ⅰ　表現・修辞」及び「Ⅱ　文章構造」面は教材となっている文章の書き手が当該文章の中で用いている言語・表現技術（＝記述・叙述形式面）である。「Ⅲ　発想・着想」面は書き手の認識的側面（＝記述・叙述内容面）である。これらの観点は見ての通り、科学的文章教材、文学的文章教材いずれにも適用していくことを原則としている。

これらの分析の観点は先に述べたように書き方の技術体系である修辞学の枠組みに沿って設けたものである。

したがって、国語教科を学習する児童生徒の発達段階に合わせて系統的に配置したものではない。しかし、これらの分析観点は全てが小・中学校の国語教科書に採択されている教材の中から取り出されたものばかりである。当然のことながら、全ての観点を必ず一編ないしは複数編の教材に適用して教材分析の実演を試みている。

なお、これまた当然のことであるが、これらの観点全てに関して必ず用語としての概念規定を行っている。例えば、「『描写』の表現とは、人物の姿・行動・心の動きや事物・情景などの対象をさながら読者の目に見えるように、耳に聞こえるように、あるいは人物の内面に入り込めるように、客観的に叙述する方法のことである。」といった具合である。

これらの分析観点は文章の書き手が用いている言語・表現技術（＝記述・叙述形式面）である。しかし、それは意味を持たない形式ではない。これらの言語・表現技術が用いられるのには表現主体である書き手の側に重要な意味・意図が存在している。この書き手の意図を捉えること、すなわち、書き手が用いている言語・表現技術から書き手の認識的側面（＝記述・叙述内容面）を読み取っていくことが重要な学習課題となる。

筆者はこれまで、このような教材分析の観点を国語科の「読むこと」の領域における「教科内容」と見なしてきた。ただ、先に述べたようにこれらの観点を児童生徒の発達段階に即して精選と系統化を行わないとやはり正式には「教科内容」と呼べないであろう。取りあえずは、これらの分析観点を無理なく適用できる教材との関連から観点の精選と系統化を図って行くべきであろう。

なお、筆者はつとに、これらの分析観点を「教科内容」と見立てて教材分析と授業構想の実践研究を行ったことがある。小学校の教諭五人とプロジェクトチームを組んで行った拙編著『「白いぼうし」の教材研究と全授業記録』（冒頭に掲げた実践研究書）の取り組みである。

筆者はこの書の中で、「教科内容」を当該文章教材の書き手が用いている言語・表現技術の他に学習者の側の「技能面のものとして〈聞く〉〈話す〉〈読む〉〈書く〉といった言語技能が考えられる」として、これらの言語技能に関しては「原則的には、国語科の全ての授業の中で万遍なく指導され育成されていくものである」（同前書、九十頁）と述べている。例えば、現行の学習指導要領では「読むこと」の領域の中に各学年とも「音読」が位置づけられている。「第1学年及び第2学年」だと「語のまとまりや言葉の響きなどに気を付けて音読すること。」とある。このような形で様々な授業の中で「音読」を通して〈読む〉言語技能が身についていけばよいのである。〈話す〉言語技能も、例えば「読むこと」の指導「内容」として各学年に「自分の考えの形成及び交流」が位置づけられている。このように〈話す〉言語技能は領域を越えて位置づけられている。筆者はこれらを含めて「教科内容」の一部と考えている。このような「教科内容」は、〈聞く〉〈話す〉〈読む〉〈書く〉という四つの言語技能が「国語科の全ての授業の中で万遍なく指導され育成されていくもの」という筆者の考え方を裏付けるものとなっていると見なすことができる。

3　国語科の「教科内容」は教材内容と一体的に指導されることを前提に考えられていくべきである

前節で掲げた筆者が考えている「教科内容」はこれらを表面的に見ただけでは単に言語知識面の事項ではないかとの反論が予想される。確かにそうなのである。これらの「教科内容」は実際の文章教材の中から取り出したものである。したがって、当該教材の文脈の中で見ていかないと、単なる言語知識面の事項に過ぎないのである。そこで、これらの「教科内容」は各種の文章教材の文脈の中で取り上げられることを前提として設定されているのである。それは、これらの「教科内容」が書き方の技術体系である修辞学の枠組みから設定されたものであるからである。個々の分析観点は当該教材の文脈の中で見ていくことによって書き手が用いている言語・表現技術として機能しているものとなる。

　こうした考え方を実践的に提案した試みが前掲の『「白いぼうし」の教材研究と全授業記録』なのである。

　この実践研究の試みの中では、これまで見てきた言語・表現技術としての分析観点を拠り所として「白いぼうし」という教材の分析を行い、そこから教材内容とより密接に関わっている観点のみを取り出して〈指導内容〉として位置づけることにした。

　これを各時間の〈指導目標〉の形で表すと次のようになる。

> 第二時　〈会話〉の表現が人物（松井さん・しんし）の性格や人柄を描き出していることを理解させる。
>
> 第五時　〈伏線〉という筋立てが人物（女の子）の正体や物語の展開を暗示していることを理解させる。

　要するに、書き手が用いている言語・表現技術としての「教科内容」を冒頭に掲げこれが〈教材内容〉とどのように結びついているかを〈指導内容〉として一体的に表したのである。「白いぼうし」全時間の目標は右のような形で表されている。

　説明文教材「ビーバーの大工事」の目標だと次のようになる。

> 第五時　〈文章題〉がビーバーという動物の知恵や工夫、生態に対する書き手の見方考え方を象徴的に表しているということを理解させる。

　国語科の「教科内容」は教材内容と一体的に指導されることを前提に考えられていくべきである。

2　音読・朗読・群読という言語能力の充実
――理解と表現、音声と文字、収束的思考と拡散的思考を結ぶ言語活動の充実

高橋俊三（高崎健康福祉大学）

1　音読・朗読・群読という言語活動の明確化

音読、朗読、群読という三つの言語活動の概念をはっきりさせておこう。音読という語には三つの概念がある。

(1)　黙読に対する語として

黙って読むのではなく、声に出して読む全ての音声活動をいう。唇読、微音読、一斉音読（斉読）をはじめ、読み聞かせ、朗読、群読までをも含むのである。唇読とは、唇を動かしつつ読む読み方で、実際的に声は出ていないが、文字に沿って発音器官を動かしているということから、音読の範疇に入れられている。

文字を読み始めた子どもたちは、音読→微音読→唇読を経由して、黙読の力を獲得していくのである。

(2)　朗読に対する語として

昭和四三年版学習指導要領では、「読むこと」の活動領域の中に小学校一年「はっきりした発音で音読すること」から四年までが「音読」と記述され、五年から六年までが「聞き手にも内容がよく味わえるように朗読すること」「朗読」と記述されている。また、五二年版では、活動領域ではなく、能力領域に編成されたのであるが、小学校四年までの「音読」が理解領域に、五年から中学校までの「朗読」が表現領域に整理されていた。

このことが音読、朗読両者の概念をはっきりさせている。つまり、音読は、正しい発音習得と正確な内容把握が中心となる読みであり、朗読は、聞き手意識と味わい読みが中心となる読みである。

このことをしっかり理解して、指導に当たりたい。

(3) 下手な朗読を揶揄する語として

この言い方は、国語科指導の中では使われない。プロの間で、例えば、「君の読み方は、朗読になっていない。音読の段階だよ」とも言われるときの評語である。

ちなみに、教師の読み方について「範読」という用語があるが、これは前項(2)の音読の範疇で使われるべきで、朗読の範疇の語としては「教師の朗読」と言ったほうが良いと、私は考えている。

さて、群読とは、どのような音声化であるか。現在行われている群読の創始者木下順二の言によれば、「複数の読み手による朗読[1]」である。朗読の一種なのである。斉読ではない。劇化でもない。教室で一斉に唱える読み方でもなく、舞台上で演ずる劇でもない。複数の読み手による「朗読」なのである。

2　音読から朗読への発展

谷川俊太郎『ことばあそびうた[2]』の中の「ののはな」を例にして、実際の授業を想定してみよう。この作品は、小学校三年生の教科書に載っていることが多い。そこで三年生の授業を想定する。学習指導要領風にいえば、中学年の授業である。

(1) 朗読授業の成立

　　ののはな

はなののののはな
はなのななあに
なずなのはな
なもないのばな

教科書であれば、教科書を、プリントであれば、プリントを、子どもたちは読み始めるであろう。もちろん、声を出して。当然のことながら、はじめのうちは、意味を取れない。微音読を繰り返しているうちに、「あっ、なんだ。野の花か」とか、「菜の花だ」とか、喜びの私語で教室が沸き立ってくるだろう。

そのころを見計らって、一人ひとり褒めつつ指名音読がなされるかもしれない。また、一斉音読が行われるかもしれない（一斉音読の場合は、子どもたちだけに任せず、教師がリードしたい）。

ここで、語として理解するための音読が達成され、続いて内容を問う授業が行われるだろう。「何が見えますか」という発問に対して、「花野です」「野の花です」「薺です」「菜の花です」「名もない野花です」という子どもたちの発言が、元気よく返ってくるに違いない。これらの見えるものは、正確にとらえられなければならない。

続けての問答。「季節は?」「春です」、「組み立ては?」「問答、問と答えです」、「詩の言葉の音の特徴は?」「柔らかい音です」。と、即座に、または、ちょっと考えたりして、景色の問答と同じように答えられるだろう。

ところが、子どもたちの多くは、言語として、記号として解読し、答えているが、ちっとも景を見ていない。実際を感じ取っていないのである。

(2) 朗読の出発

薺と菜の花の実景を想像してみよう。大きさと、色と、咲いている状況を、思い描いてみよう。咲き分けているのか、混在しているのか。名もない野花とは何なのか。菫や蒲公英や、春の野花を具体的に想定してみよう。

花野の広がりはどれほどか。教室くらいか、校庭くらいか、それとも、山裾から山頂まで視野いっぱいの大景観なのか。子どもたちの一人一人に、想像させてみよう。

個々の子どもたちの想像によって、視線が変わり、読み方が変わってくる。両掌に載るほどの花野などは実際にはあり得ないが、想像はできる。小さな景と大きな景とでは、（一、二行目の）問を発する声の高さ、大きさ、広がりが変わるはずだ。それに応じて、子どもたちの読み声は変わるはずだ。

次に、春という、季語を答えさせるだけではなく、春の風や季節感を、一人一人に感じさせよう。

ここが音読と朗読との分岐点である。

「薺です」「春です」と書かれている内容を正確に捉える理解の段階は音読、言葉に含まれている内実を一人ひとりが想像して声に表現する段階が朗読なのである。

「なずな」は嫁菜ではいけない。また、ナーズナでなくナズナでなければいけない。正解は一つである。ここに働くのは収束的思考である。

一方、どんな薺か、どんな広がりかを想像するのには、正解はない。自分勝手な想像は良くないが、正当な収束的思考に基づいた個性的な想像（創造ともいいたい）は、高く評価されるべきである。ここに働くのは拡散的思考である。一か所に収束するのではない。散るのである。いろいろな想像があったほうが面白いのである。

国語の授業には、答えを一つにまとめなければならない学習と、答えを一つにまとめてはいけない学習とがある。前者に忠実な音声化を音読、後者から出発する音声化を朗読というのである。

音読と朗読との違いについて、もう一言述べたい。

詩の組み立て（構成）を検討する授業もあるだろう。子どもたちは、「問答になっています」と発言する。では「一、二行目が尋ねて、三、四行目が答えています」「問の文は文末を上げて、答えの文は上げません」と文法的な分析で終えてしまう子がいる（多い）。これは収束的な思考。それが悪いというのではない。必要なことである。そこで止まってしまうのが惜しいのである。

誰が尋ねて誰が応えているのか、想像していない。想像させてみよう。作者はそれを指定していない。指定していないからこそ、想像する楽しみがある。

子どもたちの発言は、子どもが尋ねて、親や教師など大人が応えるというのが多い。もっと面白く想像してみようよと助言すると、ネズミさんが尋ねてゾウさんが応えるとか、宇宙人が訊いて地球人が応えるとか、旅人が訊いて春の風が応ずるとか、面白い組み合わせがどんどん出てくる。何も一対一の掛け合いと限定しなくてよい。一人が訊いて五人が応えるでも、大勢が尋ねて一人が応えるでも、想像は自由である。それぞれの音声化（朗読である）をさせてみると、教室が活気づく。

そのうえ、問答者や読み方の特徴を発表したり、朗読を聞いて評価したり感想を述べたりと、話すこと・聞くことの音声言語活動が行われてくる。話し合うことが生まれてくる。朗読発表の教育的効果である。

私は、朗読の教育的効果[3]を次のようにまとめている。

① 透る声を発し得る、柔軟で拓かれた身体ができる。
② 声で他者に触れていこうとする姿勢ができる。
③ 他者の声にじっと耳を傾ける、聞く姿勢ができる。
④ 黙読で得るよりも原初的で根源的な感動が得られる。
⑤ 内容理解だけでなく叙述表現に対する目が開かれる。

⑥日本語の持つ美しい響きを感じ取ることができる。
⑦教室内が一体化し、世界を共有することができる。
⑧感動ある授業、楽しい授業をつくることができる。

3　群読への出発

さて、前半二行の問いと後半二行の答とを、一人で読み分けるのではなく、いっそのこと、二人で（または、二グループで）分担して読ませるように仕向けてみたらどうだろう。これが群読への発進である。

まず出発は、一対一の二人組の群読から始めよう。そうすると子どもたちは、それぞれ自分のプランの紹介をし合うだろう。そして次に、どちらの案を選ぶかの選択か、または二案を基にした新しいプランの創造かの、話し合い活動が成立する。子どもたちは、話し合ったり読み合ったり、音声言語を交し合う。そのうちに三人、四人のグループ読みや、学級全員を巻き込む、まさに群の読みが生み出されてくるかもしれない。このように、複数の読み手による朗読をするために、生産的な話し合い活動が必然的に要請されるということも、群読の強力な教育的効果なのである。

「ののはな」の群読の場合は、大勢で元気よく読み合うということは、あまり想定されない。二人ないしは数人で可愛く読み合うアンサンブル風の群読が支持されるだろう。オーケストラの読みは、次の作品。

大勢の、群による読みが想定される作品もある。『平家物語』には平家軍と源氏軍という、まさに群が登場してくる。中学校の教科書に載せられている「那須与一（扇の的）」を取り上げて、群読法を構成してみよう。

次の場面で、群だけでなく、誰の言葉か、誰が言っているのかを解釈してみるのも面白いのだが、ここでは紙面の都合で、私のプランで分読(4)したものを示す。

語り手　ころは二月一八日の酉刻《とりのこく》ばかりの事なるに、をりふし北風はげしくて、磯うつ浪《なみ》もたかかりけり。
舟・語り手　舟はゆりあげゆりすゑただよへば、
扇・語り手　扇も串《くし》にさだまらずひらめいたり。
女全　沖には平家舟を一面にならべて見物す。
男全　陸《くが》には源氏くつばみをならべて是を見る。
語り手　いづれも〳〵晴れならずといふ事ぞなき。
与一　与一目をふさいで、

「南無《なむ》八幡大菩薩《はちまんだいぼさつ》、我国の神明《しんめい》、日光《にっこう》の権現《ごんげん》宇都宮《うつのみや》、那須《なす》の湯泉大明神《ゆぜんだいみょうじん》、願はくはあの扇のまンなか射させてたばせ給へ。

　これを射損ずるものならば、弓切り折り自害して、人に二《ふた》たび面《おもて》を向かふべからず。いま一度本国《いちどほんごく》へむかへんとおぼしめさば、この矢はづさせ給ふな。」

と、心のうちに祈念して、目を見ひらいたれば、

風・語り手　風も少し吹きよわり、

扇・語り手　扇も射よげにぞなッたりける。

　緊迫した、手に汗握る場面である。「くつばみ」とは馬の轡《くつわ》。源氏軍が馬を並べて見物していたのである。

　私は、子どもたちに分担を考えさせるに当たって、文章（原文）の何処で切るかという「読み分ち」と、その部分を誰が読むかという「読み担い」との二つに分けて話し合わせるようにしている。二つの読みは関連してはいるが、区別して考えさせたい。思考が緻密になる。

　この場面の分と担との指導法を考えてみよう。

　登場人物を挙げることから始めようか。語り手と那須与一とは、即座に答えられるだろう。与一を男子の読み手にするなら、語り手は女子にするとよい。声の変化が鮮明になる。与一の読み方で、セリフだけを与一役が読み、与一の行動描写は語り手に分担させるという意見も当然提案されるであろう（そうしても良い。一人に読ませるプランは、木下順二がそうしたからである）。プロの声優の場合、細かく区切ると変化が付きすぎることがある。子どもの場合は、セリフと行動描写との二つを分けて、二人の読み手にしても良いであろう。しかも、他の情景の語り手と区別して、専ら与一の言動を描写する「語り手②」を立てても良いであろう。

　さらに、その他の登場人物として、子どもたちから扇役が提案されることがあるだろう。結構なことである。大いに褒めたい。ただし、扇役を立てるなら、舟役をも立てることを、語りの文学である『平家物語』の対句表現が多いことを言い添えて、教えたい（源平両軍の描写もまた対句表現だったのである）。

　舟役と風役とは、別々に二人立てても、一人に読ませても、どちらでも良いだろう。読み方の調子にもよるし、また、学級の状況にもよるだろう。ただし、あまり読み担い役を細かく分けると、文脈のリズムがぶち切りに切

られてしまうことがある。その場合は、役を立てつつも、語り手のリズムに乗せて、語り手に合わせて読むという方法を採用するのも一手である。そのときは、扇役も語り手と声を合わせて読むようにすべきであろう。

群読という読み方が初めてだという子どもたちにも、このように指導していけば、群読法が理解される。あとは、源平両軍を教室の左右に並べて対峙させるとか、個の読み手を両軍の間、黒板を背に立たせるとか、配置を工夫すると、読み声が立体的になる。また、神仏に祈る動作や扇の的を凝視する眼差しなどを意識させると、声が締まってくる。

群読は、子どもたちが読みのプランを立てるところに話し合いが成立し、自主的・主体的な学習が成り立つという効果があるのであるが、群読という読みの手法を知らない初期の子どもたちに、最初から自分たちで創れというのは酷である。ここに提示した場面で群読の手法を教え、これに続く、与一が実際に扇の的を射る場面を、例えばグループごとにプランを練らせれば、子どもたちは勇んで話し合い、読み合うだろう。そのグループプランを学級に発表させ、学級プラン決定という段取りにすれば、さらに自主的・主体的な学習が成立することになる。その結果、読み合う力と同時に、加えて、話し合う力・聞き合う力、発表する力、批評する力が付いていく。

私は、群読の教育的効果(5)を次の五項目にまとめている。

① 響き合い―互いに読み合う過程で、声と声とが、体と体とが共振し、効果的な読みが生まれる。

② 聞き合い―互いに聞き合う過程で、また、他グループの群読を聞き合う過程で、真に聞き合う。

③ 学び合い―分読を相談する過程で、また、他グループの群読を聞き合う過程で、教え、教えられる。

④ 創り合い―互いの協力・協働で、群読作品を磨き合い、創りあげていく。

⑤ 通い合い―群読という学習活動をとおして、子どもたちの心と心とが結ばれていく。

4 原文に手を加える音声化

朗読・群読をするとき、原文・作品の表現を安易に変えるべきではない。しかし、特に群読の場合は、多少の手を加えたほうが盛り上がるという場合がある。

例えば、岩崎京子作「かさこじぞう」の群読法(6)を考えてみよう。爺様が市場へ出掛けて傘を売る場面。

町には大年《おおどし》の市が立っていて、正月買《が》いもんの人で大にぎわいでした。

うすやきねを売る店もあれば、山からまつを切ってきて、売っている人もいました。

「ええ、まつはいらんか。おかざりのまつはいらんか。」

じいさまも、声をはりあげました。

「ええ、かさや、かさやあ。かさこはいらんか。」

けれども、だれもふりむいてくれません。しかたなく、じいさまは帰ることにしました。

大年の市だというのに、爺様以外は松の売り手しかいないというのは寂しい。そこで、売り子を増やしてみる。ここに臼や杵の売り手が描写されている。物語の終結部には、六人の地蔵様がお礼に持ってくる品物として、米や粟の餅、味噌樽、人参牛蒡大根が紹介されている。もう一人増やして六人にすると、後の場面で、六人の地蔵様の読み役と早替わりができる。藁沓売りなどはどうだろう。読み方も、一人ひとり順に読むのではなく、声を重ねてクレッシェンドする読み方にすれば、年越しの市の盛況ぶりが盛り上がる。作品の主題と表現を尊重した、この改変なら、作者に叱られないだろう。一方、教室は活気づく。

音声化の工夫によって、作品の鑑賞を深め、読み声を高め、話し聞く力・話し合う力を強化していきたい。

注

(1) 木下順二『古典を訳す』(一九七八年、福音館書店)。国語教育界に於ける受け止め方は、高橋俊三『群読の授業―子どもたちと教室を活性化させる』(一九九〇年、明治図書)に詳述した。

(2) 『ことばあそびうた』(一九七三年、福音館書店) 同書中「かっぱ」の群読法は前掲高橋(一九九〇)に詳述した。

(3) 高橋俊三『声を届ける―音読・朗読・群読の授業』二〇〇八年、三省堂

(4) 群読展開法を、CD付きで同右に詳述した。

(5) 注(3)に同じ。

(6) 『日本昔ばなし　かさこじぞう』(二〇〇六年、ポプラ社) 群読展開法を、CD付きで注(3)高橋(二〇〇八)に詳述した。

3　国語科の教科内容の再検討と今日的課題

吉田　裕久（広島大学）

はじめに

国語科は、戦前・戦後を通じて、言葉の表現・理解能力の習得・向上をその基本としてきた。が、戦前期には、これらとともに、智徳の啓発・国民精神の涵養といった人間形成にかかわる目的も大きく委ねられていた。一八七二（明治五）年の「学制」頒布以来およそ一五〇年に及ぼうとする国語科の教科内容は、「求められた国語学力」という観点から見ると、大きく次の四つの時期に分けてとらえることができよう。

○第一期　一八七二（明治五）年～
　実用的な読み書き能力育成と知識形成
○第二期　一九〇〇（明治三三）年～
　言語能力育成と人間形成
○第三期　一九四一（昭和一六）年～
　言語能力育成と愛国心の形成
○第四期　一九四七（昭和二二）年～
　言語能力育成と言語への関心・態度の形成

ここでは、その一世紀半の間に展開してきた国語科の教科内容の変遷とその特色、およびそこから導き出される国語科の今日的課題を明らかにしていきたい。

1　国語科における教科内容の変遷とその特色

(1) 第一期～第三期（戦前）―知識（内容）と言語能力の二重目標―

戦前の国語科、特に国語科成立（一九〇〇年）以降の国語科の教科内容は、常に二重構造でとらえられてきたと言ってよい。それはまず、「小学校令施行規則」（一九〇〇年）に見ることができる。

国語ハ普通ノ言語、日常須知ノ文字及文章ヲ知ラシメ正確ニ思想ヲ表彰スルノ能ヲ養ヒ兼テ智徳ヲ啓発スルヲ以テ要旨トス（第三条）

つまり、「国語（標準語）の理解・表現能力育成」と、「知徳の啓発」の両側面を目的とするものであった。

そして、このとらえ方が、一九四一（昭和一六）年からの国民学校の時代になると、さらに強化された。国語科は、修身・国史・地理と一緒になって国民科を形成した。国民科の一部としての国語、「国民科国語」となったのである。まさに国民形成の色彩が濃くなった時期である。その国民科国語の目標は、次のように示された。

国民科国語ハ日常ノ国語ヲ習得セシメ其ノ理会力ト発表力トヲ養ヒ国民的思考感動ヲ通ジテ国民精神ヲ涵養スルモノトス（第四条）

すなわち、前者の「国語理解・表現能力形成」は従来通りであるが、後者は「国民精神の涵養」と愛国心の形成へと突き進んでいったのである。こうして戦前の国語科は、まさに総合学科的な性格を持っており（教科書名もその多くが「読本」）、それをどう国語科的にしていくかが常に大きな課題であった。国語科の教科内容も、この間、その二重性から解放されることはなかったのである。

(2) 第四期（戦後）—言語経験・言語能力に焦点化—

戦後国語科の教科内容（学力構造）は大きくとらえると、戦後まもなくの「言語経験」重視（あらゆることばのつかいかたに熟達させるような経験を与えること……）、その後の「言語能力」重視（国語を適切に表現し正確に理解する能力を育成し……）と、重点の置き方に多少の差異はあるものの、いずれも言葉の力を育成するという点で共通していた。

こうして、戦後の国語科は、戦前の二重構造的性格から解放され、言語能力を育成する専門教科として一元化されることになったのである。

このこととの関連で、現行の『学習指導要領』で、現在求められている国語学力（教科内容）を見てみよう。

『小学校学習指導要領・国語』（平成二〇年）において国語科の目標は、「国語を適切に表現し正確に理解する能力を育成し、伝え合う力を高めるとともに、思考力や想像力及び言語感覚を養い、国語に対する関心を深め国語を尊重する態度を育てる。」と述べられている。いま、平成二〇年版を取り出したが、前述したように、このとらえ方は、戦後七〇年間ほとんど変わっていない。つまり、戦後の国語科は一貫して、「言語能力の育成と言語への関心・態度の育成」をその中核のねらいとしてきたのである。その意味では戦前の第三期までとは明らかに時期を画し、新たな第四の時期を進行中と言って良かろう。終戦を契機に国語科の目標が見直される中で、その一環としての国語科と人間形成、愛国心等との関係も見直されることになった。が、今日、それを断絶・一新(非連続)ととらえて良いのかどうか。例えば、説明文の読みでその知識・内容との問題が出てきたり、物語文の読みでも道徳的な読みとの問題が指摘されたりしている。

また、国語科の名称そのものも問われている。この教科名・国語も決して「不変」ではなく、その改称も含めて問題にされてきている。

2　教科内容の変遷から見た国語科の今日的課題

(1)「国語」という名称

まず一つには、その「国語」という名称の問題である。国語という用語は、その源泉が国家の言葉であり、具体的には標準語教育を意味し、方言を退けようとするものであった。国家の隆盛、国民意識の形成のためには国家統一の言葉が必要であるという前近代的な背景・性格を持つ用語であった。むろん、現在、そのような意味・意識で「国語」を使っている人はいない。国語＝日本語という意味で受けとめているというのが大勢であろう。

しかし、こうした視点から国語という名称を見直そうという声があることも事実である。教科内容とは距離があるように思えるかもしれないが、そうではない。名は体を表す。教科名は教科内容を体現するのである。それゆえか、諸外国を見渡してみても、「国語」を使っているのはアジアの一部の国々だけである。多くは、言語そのものの名称である English や French であったり、あるいは言語活動をそのまま表した Reading や Writingであったりする。

それでは、国語を直ちに日本語に改称するか？現に、こうした動きはすでに幾つかのところで出てきている。国語学会は、日本語学会に改名した。ある大学は、国語教育をやめて日本語教育に名称変更した。国語教科書も「広がる言葉」などと命名するものも現れてきている。

一方で、国際化社会の反映で、外国人の日本語学習希望者が増えたり、在外日本人の子女や帰国子女の日本語学習が問題になったりして、外国語としての日本語学習という意味で「日本語教育」という用語が使われてきている。したがって、「日本語」と言えば、そうした外国語としての日本語教育と混同する可能性が生じている。おまけに幾つかの大学において「日本語教育」学科・コースが設置されて、「国語」と「日本語」とが併置されていることも少なくない。となると、改称の問題もそう単純ではない。名称にまつわる新たな課題である。国語科は何をする教科なのか、教科名も含めて教科内容を再検討する必要があろう。

(2) 他教科との関連

次いで二つには、他教科との関連の問題である。国語科は、言葉の表現・理解の学習に限るべきか、その内容にまで及ぶのかという、これまで展開されてきた古くて新しい課題である。

敗戦直後のアメリカの影響を受けた一九四七（昭和二二）年版の学習指導要領では、国語科の目標が、「児童・生徒に対して、聞くこと、話すこと、読むこと、つづることによって、あらゆる環境におけることばのつかいかたに熟達させるような経験を与えることである」と示された。国語科の範囲を「一話すこと（聞くことを含む）、二つづること（作文）、三読むこと（文学を含む）、四書くこと（習字を含む）、五文法」という言語経験・能力に絞り込むことが提示された。

しかし、言葉が意味（内容）を表す限り、その形式面だけに限るのは不可能であり、大なり小なり内容に触れざるを得ない。表現する、理解するとは、内容を表現し、内容を理解することである。例えば説明文「たんぽぽ」は、決してたんぽぽの知識を豊かにするために読むのではない。筆者がたんぽぽについて何をどう伝えたいのか、それを読者である私がどう受けとめるのか、まさに筆者と読者とのコミュニケーション（表現・理解）が教科内容となるのである。理解しようとすればするほど、内容を理解することになる。その意味では、内容と関わることが読むことになるのである。とはいえ、関わりすぎても、それは内容（他教科）の学習になってしまう。そうなると、国語科教育から外れてしまうことになる。その意味では、あくまで理解・表現活動としての内容である。要するに、国語科は、筆者対読者の言語コミュニケーションの教科なのである。

一方、理科・社会科などの教科から、観察記録の書き方、インタビューの仕方などの言語能力を、国語科ではいつ、どのように育んでいるのか、こうした質問（詰問？）を受けることがある。また、先にも触れたが、文学作品の読みと道徳の読みとの関連についても、話題になることがある。こうしたことからも、国語科固有・独自の教科内容が問われている。

(3) 今日的課題――「総合的な学習の時間」・「PISA型読解力」、「思考力・判断力・表現力等」、「言語活動の充実」等との関連

さらには、国語科と「総合的な学習の時間」、「思考力・判断力・表現力等」、「言語活動の充実」との関連等、今日的な課題がある。

「総合的な学習の時間」は、平成一〇年版学習指導要領で新設され、二〇年版でも継承された。この「総合的な学習の時間」は、〔課題発見、調べ読み、話し合い、発表〕など、国語科で培うべき学力の多く、主として言葉の学力の活用的側面を担うことになったからである。ただ幸いにと言うべきか、今日時点では、この「総合的な学習の時間」が必ずしもその真価を実践的に発揮していない（できていない）ことも事実である。

しかし、ここで求められている学力は、「PISA型読解力」、「思考力・判断力・表現力等」、「言語活動の充実」、「全国学力・学習状況調査」（B問題）などの動向とも相俟って、国語科で育てる学力（教科内容）と大きく重なるところがある。こうして、これら教育の今日的動向との関連において、国語科は、いま改めて教科としての固有性・存在基盤を問われているように思われる。この今日的課題について、以下に触れておきたい。

① 言葉学習の基礎・基本

国語科の教科内容、ひいては国語科の固有性・存在基盤を明らかにするために、ここで改めて基本的なことを

再確認しておきたい。それは、国語科は言葉を専門的に扱う唯一の教科であるということである。いま、国語科における言葉の学習の構造（教科内容）を大きく次の三つに整理することができよう。

① 言語事項（知識）――音声・音韻、文字、語句・語彙、文法、言語生活等
② 言語活動（行為）――話す、聞く、書く、読む
③ 言語文化（享受）――文学、古典、評論等

［言語事項］は言葉の学習の基礎を成すものであり、言葉に関する知識の習得がその中心的な内容となる。話す聞くことの基礎としての音声・音韻、読み書きの基礎としての文字（ひらがな・カタカナ・漢字・ローマ字）、理解・表現の基礎となる語句・語彙、論理的思考の基礎としての文法、そして、方言・標準語・敬語・言葉遣いなどの言語生活である。

［言語活動］は言葉の学習の基本となるものであり、言葉の活動・経験・実践を通して言葉の技能を習得することがその中心的な内容となる。話し言葉の学習としての聞く・話す、文字言葉の学習としての読む・書く活動がある。そして、いずれもその基盤には、言葉で考えるということがある。

［言語文化］は言葉によって文化として高められたものであり、小説・古典・評論などを鑑賞・批評することによって、自らの人間形成に資するものである。

こうした言葉（言語事項、言語活動、言語文化）の学習を体系的・系統的に、しかも意図的・計画的に、責任を持って教育することが国語科の独自性・固有性であり、そのことが国語科存立の基盤・根拠である。

② 生きて働く言葉の力

しかし言葉の学習は、何も国語教室だけに限られるわけではない。むしろ言葉は学習・生活の中で、つまり他教科、家庭あるいは地域社会の「実の場」でこそ生きて用いられるものである。ここに、国語科と他教科あるいは学校行事、生活等との関連・連携が問題になる。とりわけ［言語活動］［言語文化］の話題・題材は、その大半が他教科学習・生活と関わるものである。それは、国語教科書の目次を開けば一目瞭然である。地球環境、情報化・国際化社会、生物界の輪廻、東西文化の交渉など、国語科の知識だけでは到底間に合わない。むろん、国語科はこれを内容的に取り扱うわけではないから、それほ

ど詳しい専門的知識は必要ない。が、それを理解するにも表現するにも、多少のそれはある方が望ましい。現実に、地球環境の危機を取り上げた教材では、筆者の主張を理解するとともに、その問題提起をめぐって学習者自身の考え、対処の仕方が求められたりする。その時、その主張を検討・吟味・批評するために、他の文献・資料を調べたり、友達と話し合ったり、自分の考えを説得力のあるものにするために表現を工夫したりする。こうした必要に迫られた場での言葉の学習こそ、読む力も書く力も話す力も聞く力も、そして言葉で考える力も伸びる。そうした意味では、国語科の場合、読んでも書いても話し合っても、それが話題・題材（それらの多くは社会科的・理科的）をめぐって行われる限り、国語科の枠をはみ出さざるを得ないのである。物語文を読んで、テーマソングを作ったり、場面の絵を描いたり、劇に書き換えたりして、音楽や図画工作とも連携したりする。そのことが、他ならぬ読む力を効果的に育むことになるからである。言葉がその形式だけでなく意味をも合わせ持つものであるかぎり、他教科・学校行事との連携、あるいは社会や生活との連携は、国語科にとって必至のことであったのである。

「生きて働く学力」と言われることがある。これと対蹠的な位置にあるのが「生きて働かない学力」（例えば教室だけ、あるいは学校だけ、さらには受験だけで止まってしまう、そんな学力のことであろうか）、つまり、その後・その他の学習や生活に役立っていかない、そうした一時的・閉鎖的な学力のことを指しているのだと考えられる。国語科の場合、まさにこの「生きて働く学力」が求められているのである。その言葉の力が実際に生きて働く場面を考えてみると、次の場面が考えられる。

○国語科学習の他教材・別場面で生きて働く
○他教科学習で生きて働く
○学校行事等、学校生活で生きて働く
○家庭・社会等、実生活の中で生きて働く

こうした「実の場」で実際に生きて働く言葉の力こそ、本当の言葉の力である。そして、今日、言葉の力を育む専門的にして唯一の教科である国語科では、こうした言葉の力の育成が求められているのである。

おわりに―まとめにかえて―

戦後の国語科は、教科としての危機を迎えたことはない。しかし、今後、国語科に対して、特にその存在意義・役割をめぐって、いくつかの言や論が起こってくるであろう。国語科は、「言語事項・言語活動・言語文化」に関わる、他教科にない独自で固有の教科内容を持っている。が、このことで教科存立の基盤が直ちに保証されているとはかぎらない。例えば、〝言語活動力は手段的に他教科学習の中でこそ生きて働き、真の学力もそこにおいて伸長する〟などという論理が優勢になれば、その基盤はいきおい弱くなる。その際、国語科としては、言語学習の体系・系統の問題(言葉の力の意図的・計画的育成)を持ち出すことによって切り抜けることができようか。また、〝国語科の教科内容は言語事項に絞るべきで、その習得は義務教育で行われるべきだ〟などという暴論が繰り返されることだってあり得るだろう。そのとき、特に中等教育の国語科の存在意義・役割を強固なものにしておかなくてはなるまい。言語文化に関しては、現在でも「文学に偏り過ぎている」などと言われている。その理論的必然性を強固にし、また実践的成果を着実に示していかないと、国語科の将来はそう安穏としてはいられない気がする。それでも国語科の場合、教科の統廃合までには至らないのではないか。しかし、時間数・単位数の削減、一部の学習内容を他教科・他時間と併存するなどという状況は決してないとは言い切れない。

他教科にない固有の領域、他教科等とともに取り組むことが効果的な領域、そうした点を再検討・再吟味しながら国語科の望ましい再生を図っていくことが必要なのではないか。直近の社会、教育の動向を見ていると、そんな国語科像が見えてくるような気がする。

国語科は、言葉の学力を育成する唯一、専門の教科である。その言葉(教科内容)の学力を体系的・系統的に、そして意図的・計画的に育むことによって、独自・固有の存在たりえている。国語科で言葉の基礎的・基本的学力が培われ、それが他教科等、実生活において生きた言葉の学力として活用されるのである。

〔付記〕同様の問題意識から、「国語科はよくわからない、あいまいな教科か?―国語科の目標・内容の再確認―」(日本国語教育学会『月刊国語教育研究』第四四九号、二〇〇九年九月)という論文を発表している。合わせて読んでいただけると幸甚である。

4　国語の教科内容と教授の系統化を考えるために
――国語科の性格を意識して必要な教科内容を

木内　剛（成蹊大学）

1　設置理由から国語科の性格を考える

私は、社会科（以下、地理歴史科・公民科も含めて使う）を専門としつつ、教科教育理論を考えて来た。ここ二〇年、国語教育から視点を学び、逆に国語教育の問題に関心を寄せるようになった。そして二〇一一年に科学的「読み」の授業研究会の『研究紀要13』で、国語の内容に関して社会科研究の立場からみた考察を述べさせていただいた。本稿は、そこで述べた趣旨の繰り返しの面もあるが、とりわけ強く意識していただきたい点を取り上げ、期待を述べたい。

近年、国語科の教科内容や教授の系統化を考究する取り組みが進められているのは、大変喜ばしいことである。

しかし、教科内容を考究するとき、その教科の設置目的からくる性格を意識しないと齟齬や錯綜が生じ兼ねないと感じる。考究の基盤として、国語科の性格という根本的なところを意識しておきたい。ここで「性格」とは、どんな目的・役割をもって、どんな面の「能力」を、どのレベルまで育むのかということを導き出す根源的な特色のことを指す。それが曖昧なら、洗い出した教科内容の妥当性を考えるための判断根拠が恣意的なものになりかねない。教科教育の目的・役割は、実質陶冶・形式陶冶を担って、「能力」や「精神」（見せかけの「態度」ではなく）を育むところにある。教科内容は「能力」や「精神」を目標とするレベルになるまで育むために、教育活動によって伝授すべき具体的な知識・技能や見方・とらえ方などである。目標とは達成具合が検証可能なものであることが要請される。各教科は、それらが分担する目的・教育的役割によって、他教科とは相対的に違った独自の教科内容をもつことになる。授業はそうした教科内容を、さらに具体的教材を通して伝授する行為である。そうした原理と無縁な知識・技能を伝達しても「能力」や「精神」を育むことに結実せず、教育は空疎になる。

どんな論者も程度の差はあれ、意識していると思いたい。しかし判然と読み取ることができないものもある。論争的な検討や考究では、意識していることを明言しておかないと、往々にして見逃しているとみなされてしまう。もっとも、いまさらいちいち表明するまでもない状況で、国語教育界のコンセンサスが成立しているのであれば、私の無知を恥じるしかない。

そこでまず、国語という教科の設置根拠、そこから来る教科の性格を考えたい。

近代にあたり、教科教育の枠組みは、細分化された学問分野の寄せ集めであった。その後の教科は、それらを整理統合する教育学的歩みのなかで作られてきた。

明治の学制期の科目（学制では「教科」と呼称）は、細かな科目の寄せ集めともいうべきものであった。小学教則概表（明治五年）の下等小学では一八もあった。「国語」はない。しかし、綴字《カナツカヒ》、習字、単語読方《コトバノヨミカタ》、単語《コトバノ》暗唱《ソラヨミ》、会話《コトバツカヒ》読方《ヨミカタ》、単語書き取り、読本読方、会話暗誦、会話書取り、読本輪講、文法を見つけることができる。文芸はない。習字は四年間通しで置かれていたが、大半は、一年間か半年で完結であった。立身出世のために「学問」奨めるという学制の理念のもと、当時の西洋の寄せ集め的な科目群をそっくり導入して掲げたものである。内容は看板とずれたものもある。日本語文法学なんてまだ存在しないため、「文法」は無理せずに「欠」としている。ここでの「教科」は現在の「科目」より狭い領域である。学問に取り組む基礎となる初歩的な読み書き法を教授しようとしている。これらが原初の内容だった。

それらを統合整理して「国語」科が成立したのは、朝鮮の植民地支配を進めつつあった一九〇〇年のことであった。説明的文章が教材の主体であったが、日本語科ではなく、国粋的な思想を盛り込む「国語」となった。統合というより寄せ集め的な生い立ちであった。その後、さらに欧米教育学の教科統合の動きがあり、一九四一年の「国民学校」発足と同時に国語は修身・国史・地理と合体され、「国民科」に再編された。抽象的な理念はともかく、実際には「国民科」という単一の教科書も作られることなく、教科の体はなさなかった。ただ、国語の修身（道徳）化は、今も尾を引いているように見える。

では、現在の教科の根拠はどこにあるか。教科構成は学習指導要領で規定される。学習指導要領は学校教育法施行規則の付属文書である。基になる学校教育法では、第二十一条に教科の根拠ともなる内容が掲げられている。旧学校教育法では、小学校の章に掲げられていたが、改正後は、中学校を含む義務教育という新設の章に掲げられている。国語科設定の根拠になる事項は第五項の「読書に親しませ、生活に必要な国語を正しく理解し、使用する基礎的な能力を養うこと。」と第九項の「生活を明るく豊かにする音楽、美術、文芸その他の芸術について基礎的な理解と技能を養うこと。」の二つである。

第五項と第九項では、目的が異なっていることにすぐ気づく。第五項は「生活に必要な」である。「読書」は、読みの能力の向上ではなく、親しませることが課題とされている。一方、第九項では、文芸を音楽・美術と並べ、「生活を明るく豊かにする」ことが目的とされている。

いずれも義務教育の国語科の目的は、日常の「生活」の必要に置かれている。しかし、高校では第五十一条で、「義務教育として行われる普通教育の成果を更に発展拡充させて、豊かな人間性、創造性及び健やかな身体を養い、国家及び社会の形成者として必要な資質を養うこと。」と規定し、「国家及び社会の形成者」（以下「市民」）に必要な能力や精神の養成を目標に掲げている。高校卒業が当たり前になった現在、普通教育の国語科の最終目標は、個人の生活ではなく、日本という「国家及び社会」を担う者の能力の形成にあると捉えるのが妥当であろう。

他教科にも目をやれば、現在の諸教科は、その性格を三つに大別できるように思える。

一つめは、個人的な能力としても大切になるが、市民として欠かせない能力を育てる教科である。

社会科がそれにあたるであろう。社会科は、学校教育法の高校の章の第五十一条で掲げる「国家及び社会の形成者として必要な資質」と「社会について、広く深い理解と健全な批判力」を養うという目標を直接に担う教科であることに異論はないであろう。幼稚な社会的判断をするような市民が存在して主権を行使しては、人々の幸福を阻害しかねない。教育基本法も新旧とも「政治的教養」を要請している。市民すべてに必須の教養が教科内容で第一義となる。

理科も、科学的な基礎知識、科学的に考える精神を市民全員に持たせるために必要性のある教科である。そう考えると、核エネルギー、自然災害、感染症といった市民生活に深刻な影響をもたらすことに関して科学的に捉える能力をもっと育むべきであろう。

二つ目は、能力を備えた構成員が相当数存在しないと社会的に困るが、苦手な市民がいては社会が成り立たないという訳ではない能力を育む教科である。数学や英語がそれにあたるであろう。

三つ目は、個人として文化的に質の高い豊かな人生を送るために有しておく方が良い能力を育むことを第一義に目指す教科である。音楽や美術、体育や技術・家庭科はそうした性格を持つ。文芸教育は、法規が期待する目的ではここに入る。文化的芸術的に創造性の高い社会のためには、市民の社会的な文化水準の向上が求められる。とはいえ、不得意な市民が存在したからといって、社会の混乱や不幸な事態を引き起こすものではない。なお、プロの技量の基礎を育成することも期待されてはいない。

そのように考えると、国語科は、一番目の性格と三番目のグループの性格の二つをあわせ持った教科である。そこに、他教科にない苦労の種があると思う。

国語の教科内容の考究にあたっては、この性格を意識しておくことが欠かせないと考えるのである。

2　社会的に必要な能力と豊かな生活に資する能力

教育とは、意図的計画的に学び手の学習を成立させようとする営みである。教科内容を考究するには、設置目的に照らし合わせることが筋である。

見てきたように、国語教育の最終目的は、市民として欠かせない能力を育むところと、文化的に質の高い豊かな人生のために有しておく方がよい能力を育むところの二つからなる。客観的な議論をしやすいのは、市民として社会的な必要性を根拠に考える能力の方であろう。

異論は当然あろうが、私は市民として不可欠な能力に属するものとして、①日本語の言語能力（内容はいわゆる「言語事項」、言語教養とも言うべきもの）、②説明的文章の読解能力、③論述能力の三つに注目したい。

まず、日本語の言語能力である。民主的によい国家や社会を作り維持するには、市民の協働が鍵となる。市民間で思いや考えを的確に交流できることが必須条件である。市民全員が必要なレベル以上の日本語能力を持つこと、すなわち日本語に関する正しい知識や技能を共有することが課題である。言葉は情報や思想の伝達手段であると同時に、実態把握、認識・思考の手段でもある。いずれにおいても正しさ・的確さ・奥深さが必須であろう。それらの基盤となる言語能力を必要なレベルまで習得させるとしたら、教科内容としてどんな概念・語彙、言語表現を取り上げることが必要か考えて欲しい。

その際、為政者の言葉のまやかしを見抜く能力の必要性を失念しないでいただきたい。役人や政治家の言い回し、言葉の綾などを読み解くための知識・技能、批判精神を見落してはならないと考えるものである。

なお、人格や個性を大切にする社会であるためには、ローカル言語・方言も、庶民が正直な感覚や感情を的確に表明する上で、現実に必要な言葉であろう。アイヌや琉球語などの民族言語も尊重されなければなるまい。市民が母国語を正しく理解・活用し、大事にすることは、民族的な課題でもある。

つぎに、説明的文章の読解能力について述べよう。社会的必要性の観点から、対象となるのは、いわゆる「説明的文章」であろう。

文章読解能力は、日本語の言語能力が基礎力になるものの、複数の文で構成されるものを読み解く必要がある。「読み研」の説明的文章の「読み」に対する取り組みにあっても、この社会的必要性をもっと打ち出した方がさらに深まるのではなかろうかと思う。スピーチや演説など口頭発表を聞き取る能力の内実は読解能力と共通するものであろう。この範疇の中で押さえるべきだと考える。

市民としては、説明的文章の読解ができるだけでなく、正しく解りやすく論述ができる能力も必要である。他の市民に呼びかけ、協働するためには、欠かせない能力である。もちろん論述能力は、読解能力相即不離の関係にある。しかし、良い論述ができるには、書き手たる自分の個性を反映した感じ方、思い、考えを言語で的確に把握し、整理し、さらに読者の感じ方、思い、受け取り方などを想定する能力と、論理的で、魅力的で、的確な表現力で、説得力のある文章表現を紡ぎ出す能力が必要である。読みとはかなり違った能力、知識・技能・精神（配慮）が必要になる。教育的には読解能力とは分けるべきであろう。

スピーチや演説といった発信能力も、論述能力との共通性を重視すべきであろう。

一方、文芸的な文章の読解能力は、社会的な必要性で考究するとなると難しい。

文芸的文章は読み手によって、多様な受け取りかたが許されるはずである。主題の読み取りができることは望ましいことであるが、一意に決められない場合が少なからずある。文芸的文章は、読み手の価値観や経験を重ねて読み取るところに意義のあるものであるから、読み手によって読み方の違いがあってよいものである。それどころか、同じ読み手にあっても読むたびに違った発見があり、違った読み方になってよいものでもある。

また論者の側にもそれぞれ自分の文芸論がある。着眼点も価値づけも多様であろう。できればこういう力を持たせたいという程度の主張では、たぶんどれにも一理あり、甲乙もつけがたく否定もできないであろう。

そう考えると、文芸的な文章に関して、読解能力の「向上」が望まれても、最終到達目標となる知識や技法として「正しい」内容を決められるであろうか。教科内容の追究も教授の系統の追究も、客観性の面で深刻な壁にぶつかるであろう。

なお、文芸的な文章の叙述能力は、説明的文章の論述能力とは違う。文学的な表現能力は有していることにこしたことはないが、市民的能力として必須とはいえない。まして文学作品を書く能力となると、特殊な能力と言うべきものである。普通教育の課題とはならない。指導も不可能である。ちなみに、私は絵画を自分なりに鑑賞することはでき、好きな絵もある。しかしながら、絵を描くことは大の苦手である。残念至極である。だからといって、市民として不適格だということはあるまい。

詩歌や古文も、豊かな人生のために資する部類の教養である。大切なものであることは言うまでもない。しかし為政者によっては、自分たちの美学や下心の実現の手段として都合の良い伝統や文化を利用しようとして、市民に必須なものだとして求めるかも知れない。古典に親しむことやそのための知識はあった方がよいが、全員に不可欠なものとまでは言えないであろう。逆に、そういうものとして、伝授する知識・技能、精神を考える方がずっと生産的になるように思える。

教科内容を考究する際には、社会的に必要な能力と、豊かな人生を送るために望ましい能力とで大きな違いがあることを意識し、分けて考究したい。

しかし教授の過程を考える段になると、難しい現実がある。『学習指導要領』はさておいても、文芸教材の授業のなかで、日本語教養に関する知識・技能を教授することが多いからである。主題の読みとりや味読に結実する「読み」が主眼となる文芸教材の授業のなかで、日本語教養を系統的に教授するというのは、原理的に無理がある。それを前提にするなら、国語の教科内容をどのような分野に分け、どう構造化するか、そして教授の系統をどうするかは、さらなる難題である。

3　高卒までに身につけさせたい能力と教科内容

教科内容とは、身につけさせたい能力を育むために伝授する知識・技能や精神として述べてきた。次に問題になるのは、伝授すべき内容の全体構造である。最終ゴールとなる内容がなによりも問題である。その洗い出しが全体構造を描くために不可欠の手がかりとなる。

ひとりでに学習できる内容であれば、取り立てて教えなくともよい。放っておいては学べないものこそが教育課題である。それを探るには、生徒や大人の問題の実態に目を向けることが最も手近で有用な鍵となる。

長文読解力、論述力について述べる紙幅はないので、ここでは日本語の言語能力に軽く触れておきたい。

文化庁は平成七年から国語に関する世論調査として、誤用の多い言葉の実情を調査し、結果を公表している。私も誤用してきた言葉があって驚く。誤用は若い高校生や大学生の方が多いであろう。高校の先生方には、高校生の国語の実態調査を大いに期待したい。

社会的必要性の観点からそれ以上に問題だと考えるのは、社会問題や政治を捉えるために必要になる言葉を知らないことである。「食言」を知る大学生はまずいない。「弾圧」という語を知っていても苛酷な内実は想像できない。「確信犯」など意味を取り違えている概念も多い。「平和ボケ」という表現も問題に思われる。〃反戦主義者は平和に慣れて、戦争に備えての軍備充実が必要だという現実を知らない呆け者だ〃という意味で好戦派が反戦派をなじるときに使う表現である。しかし、考えれば、〃平和の恩恵で戦争の酷い現実を想像できない者こそ呆けてしまった者だ〃という捉え直しができる。そうした言葉の内実批判ができる能力が市民に必要であろう。

教授しなければならない必要な知識・技能、精神は何か、侃々諤々の議論を交え、追究することを願う。

4　教科内容の分野と関係構造

国語科の教科内容を洗い出すにしたがい、教科内容の分野構成および、それら各分野の論理的な関係構造を解明することが課題となる。さらに、各分野の教授の系統の解明には、内容の順次性のほかに、認識論的な検討も必要であろう。それらの検討に立って全体構造を組み立て直し、可視化していく。

社会科では、戦後、日本生活教育連盟がスコープ（問題領域）とシーケンス（学年系列）のマトリックスで課程全体を追究したことが広く知られている。しかし、私は、戦後単元学習批判の先鋒となった柴田義松・白井春男・遠山啓を理論的支柱とした教育科学研究会社会科部会が提起した「社会科の系統的教授のための教科内容体系」（『社会科教育の理論』一九六六年、麦書房、一三七頁）の方が参考になると考える。ここに掲げたいが、残念ながらその紙幅がない。教授の系統を考えるにあたっては、各分野内容の論理的な関係性だけでなく、巨視的に見たほうが児童も興味を持ち、法則性をとらえやすいのでわかりやすいという認識論が援用された。低学年社会科は、言葉と概念獲得の研究から、読み方とつづり方の学習に置き換える構想となった。実践的検証は未完だったが、国語の教科内容構造を考究する論議で参考にしてもらいたいのである。

国語の場合、先に指摘したように言語教養を読みの学習の中で学ばせることが通例であり、使う場面で学ぶというところには理がある。教科内容を社会科案のように明快に構造化することは難しいことも確かであろう。

構造化はまだかなり先のことであろうか。国語科の性格の特殊性を意識し、社会的な必要性の観点を優先して、高校卒業時までに伝授したい具体的内容を洗い出す作業を進めることを期待して筆をおくこととする。

5 「計画としてのカリキュラム」と「学びの履歴としてのカリキュラム」の両面から追究を

鶴田清司（都留文科大学）

はじめに

従来の教育学においては、カリキュラムを所定の目標に沿って教科内容を系統的に配列したものと考える立場が支配的だった。いわゆる「計画としてのカリキュラム」である。学習指導要領はその代表的なものである。学校で作成される年間指導計画なども「計画としてのカリキュラム」である。

しかし、近年、社会構成主義による学びのパラダイム転換のもとで、こうした「計画としてのカリキュラム」という考え方に代わって、「学びの履歴としてのカリキュラム」という考え方が台頭してきた。これは子どもたちがこれまで何をどのように学んできたのかという学びの経験の総体を捉えようとするカリキュラム観である。（なお、カリキュラムの語源はラテン語の「走路」であり、それが人生の来歴を意味するようになり、現在も英語の「履歴書」（curriculum vitae）にカリキュラムという用語が使われている。）

前者は教科論的アプローチに基づく知識中心の考え方であり、後者は社会文化的アプローチに基づく経験中心の考え方である。系統主義的なプログラム型学習と問題解決的なプロジェクト型学習と言ってもよい。

そこで本稿では、こうした二つのカリキュラム観に基づいて、「国語科の教科内容の再構築と系統性」という問題について考えていくことにしたい。

結論から先に言うと、「計画としてのカリキュラム」と「学びの履歴としてのカリキュラム」を二律背反的に捉えるのではなく、その両面から国語科の授業づくりを構想していくべきだということになる。

1 「学習」から「学び」への転換

現在の教育界では、「学習」に代わって「学び」という言葉が用いられるようになった。これまで学び手の外側から教師が統制・操作しようとした「学習」を、学び手の内側に広がる活動世界として捉え直そうという考え方である。

教師は絶対的な権力を持つ存在として、教室における「学習」を統制し、操作することはできる。時間割を組み、学習指導案を作成し、授業を実施し、子どもたちを評価する。しかし、子どもの「学び」は本来、統制・操作することはできない。なぜなら、それは子ども一人一人の偶発的かつ個性的な「意味の経験」に他ならないからである。

このような学習観の見直しには社会構成主義の影響がある。その基本的な特徴は、学習とは、所与の知識の個人的獲得ではなく、子どもが人・もの・こととかかわる多様な活動を通して、意味を構成していく共同的・社会的実践であると見ることである。

こうした社会構成主義の学習観の立場からは系統学習に対して次のような批判がなされることになる。つまり、所与の知識を現実の状況や子どもの生活の文脈から切り離して教えるため、生活に生きて働く知識とならず、テストが終わるとすぐに剥落してしまうという批判である。

しかし、両者を二律背反的に捉えることは教育現場の抱える多くの問題を解決することにならないだろう。実際、教科の系統に基づく学習観を否定し、社会構成主義的な学習観を一面的に強調することはあまりにも非現実的である。なぜなら、一方では定型的な知識を効率よく身につけさせる学習も不可欠だからである。さらに学校現場では、学習指導要領のもとで検定教科書を用いて、年間指導計画や時間割に従って毎日の授業を進めなくてはならないからである。つまり、これら二つの立場をどう止揚・統合しながら子どもの側からの学びを形成するのかということが緊急の問題になっているのである。

教育学研究においても、「教科カリキュラム」と「経験カリキュラム」との「統合」(日本カリキュラム学会編『現代カリキュラム事典』二〇〇一年、ぎょうせい)、「計画」としてのカリキュラムと「経験」としてのカリキュラムとの「統合」（グループ・ディダクティカ編『学びのためのカリキュラム論』二〇〇〇年、勁草書房）、「習得サイクル」と「探究サイクル」、「基礎から積み上げる学び」と「基礎に降りていく学び」の「バランス」（市川伸一『学ぶ意欲とスキルを育てる―いま求められる学力向上策』二〇〇四年、小学館）、「教科学力」と「生成学力」との「バランス」（藤田英典『義務教育を問いなおす』二〇〇五年、筑摩書房）が課題となっている。さらに、「伝統的な授業実践での学び」と「社会的構成主義による学び」を「状況依存的にバランスよく使い分ける柔軟さ」も指摘されている（高垣マユミ編『授業デザインの最前線Ⅱ』二〇一〇年、北大路書房）。

2　二つのカリキュラム観の統合をめざして

二〇一四年五月に行われた第一二六回全国大学国語教育学会名古屋大会の課題研究「国語科カリキュラムの再検討2　話すこと・聞くことの将来と国語科教育の課題」はまさにこうした観点から行われた。コーディネーターの河野順子氏は、前回の課題研究（第一二五回広島大会）での私の発言をもとに、「学びの履歴としてのカリキュラム」と「計画としてのカリキュラム」をどう統合するかという問題を課題研究の論点に設定した。

提案者の一人であった山元悦子氏は、これについて次のように述べている。

> 話す聞くコミュニケーション能力の指導は、児童の話す・聞く行為そのものが指導の対象となる。それは、その時々に教室で立ち現れる事象に教師が向き合い、働きかけていくことによってなされる指導である。そのため、教室の出来事を捉え導いていく構えで学びを積み上げていく意識が必要となる。そして、その学びの積み上げに沿ってタイムリーに意図的にあらかじめ用意していた学習材や単元をくさびのように打ち込んでいくのである。
>
> このような場の構造を持ち、教室の出来事を捉え導いていく展開を取るカリキュラムを、編み上げ型カリキュラムと称しておきたい。（発表要旨集、一七九頁）

本研究では、教室の中で、教育営為として行われる言語行為の中で生まれてくる学びの積み上げプロセスをカリキュラムと考えている。（中略）それは計画としてのカリキュラムではなく、できあがっていくカリキュラムである。注目するのは教室で起こった出来事とそこで学ばれたものであり、必要なのはそれを見取る網の目を持っていることなのである。（一八〇頁）

山元氏の提案する「編み上げ型カリキュラム」はまさに「計画としてのカリキュラム」と「学びの履歴としてのカリキュラム」の統合された姿であると見てよいだろう。基本的には教室における出来事（子どもの事実）から学びが生まれるという立場であるが、教師の計画的な学習指導も重視している。

そこでは教科内容は二つの機能を持つことになる。第一は、子どもの学びのありようを臨床的・即時的に「見取る網の目」としての機能である。第二は、教師の側から意図的に「くさびのように打ち込んでいく」学習目標・内容としての機能である。

3 「読みの技術」系統試案の再検討

私が以前から提唱している「読みの技術」一覧（系統試案）はまさに「計画としてのカリキュラム」という観点に基づいて構築された教科内容に他ならない。

① 構成を読み解く技術

a 題名の意味を考える（小学校中学年～）

b 設定（時・人・場）を明らかにする（小学校中学年～）

c 全体構成（冒頭・発端・山場・結末、起承転結、前半後半など）を明らかにする（小学校高学年～）

d 事件の伏線を明らかにする（小学校高学年～）

e 事件や人物の転換点（クライマックス）に着目する（小学校中学年～）

f 場面に分けて事件や粗筋を捉える（小学校低学年～）

② 表現を読み解く技術

a 類比・反復、対比の関係を捉える（小学校低学年～）

b 感覚表現（視覚・聴覚・嗅覚・味覚・触覚）を捉える（小学校高学年～）

c 色彩語、比喩、擬人法、オノマトペなどを捉える（小学校中学年～）

d 象徴性を読み解く（小学校高学年～）

e 倒置法、省略法、誇張法・体言止めなどを捉える（小学校高学年～）

f　作型（描写、説明、会話、叙事、表明）の効果を明らかにする（中学校～）
g　文字表記、句読点、区切り符号（ダッシュ、リーダーなど）、字配り、字形などの効果を明らかにする（小学校高学年～）
h　韻律の特徴や効果を明らかにする（小学校高学年～）
③視点を読み解く技術
a　作者と話者（語り手）を区別する（小学校中学年～）
b　内の目（主観視点）と外の目（客観視点）を区別する（小学校高学年～）
c　同化体験と異化体験、共体験を成立させる（小学校中学年～）
d　一人称視点と三人称視点の効果を明らかにする（中学校～）
e　視点人物と対象人物、視点の転換などを捉える（小学校高学年～）
④人物を読み解く技術
a　中心人物を捉える（小学校中学年～）
b　主役と対役を明らかにする（小学校高学年～）
c　人物描写などから人物像や心情を捉える（小学校低学年～）
d　中心人物の人物像の変化や心の転換点を捉える（小学校中学年～）
e　中心人物がこだわっているもの・こと（主材）を明らかにする（小学校高学年～）
f　人物の呼称の意味を考える（小学校高学年～）
g　人物を典型として捉える（小学校高学年～）
⑤文体を読み解く技術
a　語りの特徴を捉える（小学校高学年～）
b　話法（直接話法・間接話法・自由間接話法）を明らかにする（中学校～）
c　文末表現、余情表現、常体と敬体、文の長さなどの効果を明らかにする（小学校高学年～）
d　異化された表現（非日常的で不思議な表現）とその効果を明らかにする（小学校高学年～）
e　矛盾した表現（パラドックス）とその効果を明らかにする（小学校高学年～）
f　作調（明暗・喜劇・悲劇・叙情・感傷・風刺・ユーモア・アイロニーなど）を明らかにする（高校）
（拙著『〈解釈〉と〈分析〉の統合をめざす文学教育

―新しい解釈学理論を手がかりに』二〇一〇年、学文社、四五五～四五七頁を一部改変）

この系統試案は、西郷竹彦氏、井関義久氏、大西忠治氏らの先行研究をふまえて、基本的な作品分析法として重要だと思われるものを精選・配列したものである。これによって、文学の授業における教科内容を明確化して、指導目標、評価規準とすることが可能になった。現行の学習指導要領も「学習の系統性」を重視する立場から、こうした作品分析法を国語科の「内容」に取り入れるようになった。まだ十分とは言えないが、「比喩」や「反復」といった用語が新しく登場したことは意味がある。学習指導要領解説や教科書の中ではもっと多くの読みの技術・用語が使われていて、物語や小説の授業と言えば、「場面の様子」や「人物の気持ち」の読みとりに明け暮れていた往年の教科書を思うと、隔世の感がある。

こうした動きは評価されるべきであるが、ある意味では国語科教育の基盤が形成されたという段階に過ぎない。つまり、欧米の国語科教育では基本的な作品分析法を教科内容に設定するのは当然のことで、日本はその段階に到達するのが大幅に後れたということである。

今日、世界の教育の趨勢は、こうした系統主義的な教育論に対して、社会構成主義的な学習論が主流となっている。ヴィゴツキー理論も前者（科学的概念の習得としての学習）から後者（社会文化的実践としての学び）の基盤理論に移行している。

したがって、系統試案としてあげた「読みの技術」一覧は、授業目標や評価規準を作る目安ないし指針として意義はあるものの、それに縛られてしまうと学習が子どもたちの学びの文脈や経験と切り離されて、授業が固定化・硬直化してしまうという危険を孕むことになる。

かつて岩永正史氏は、アメリカの国語科教育で行われている「物語文法」を教えるという試みに対して、「物語スキーマが十分に発達していない児童に一律に物語文法を教えることは、かえって児童が物語から読みとる内容を規制する方向にはたらく危険性がある」と指摘して、むしろ子どものなかに形成されている「物語スキーマ」を引き出し、発達させていくことが重要であると述べた（岩永正史「物語スキーマの指導～アメリカ合衆国の場合を例に～」（全国大学国語教育学会編『国語科教育 第三十三集』一九八六年三月、七三頁）。

確かに、所定の「読みの技術」をトップダウン的に子どもたちに一律に教えるのはよくない。反復訓練によって覚え込ませることはできても、子どもたちが必要性や有用性を実感しないと実際に活用されないだろう。トップダウン式でなく、岩永氏の言うようなボトムアップ式の指導については小学校段階では特に重要である。

だからと言って、「読みの技術」を教科内容として設定することを放棄すべきではない。確かに、それは絶対的に科学的・普遍的なものとは言えない面がある。時代によって文学作品の傾向もそれを読み解くためのコードも変化してくる。さまざまな読みの理論・技術のなかからどれを教科内容とするかという判断は微妙な問題を含んでいる。しかし、そういう明確な規準がないままに、従来のような「教材を教える」式の読解指導や客観的な知識の存在を否定するような「はいまわる」活動に埋没すると、学習内容が曖昧なもの、瑣末なもの、ひいては誤ったものになりかねない。かつて、ある学会で、「1＋1が2でなくてもよい」ということを発言した研究者がいた。子どもの学びの経験を重視するという意図であろうが、さすがに暴論である。客観的な知を否定すると、人類の文化遺産の継承・発展が閉ざされてしまう。

要は、文化的価値のある知識を習得させることを重視する教科論的アプローチ（計画としてのカリキュラム）と対話的・協同的に知識を創造することを重視する社会文化的アプローチ（学びの履歴としてのカリキュラム）の統合が重要である。事前に用意した知識の伝達でなく、子どもたちの主体的な活動を通して文化的価値のある教科内容を獲得していくという学び、あるいは子どもたちの既有知識・経験（暗黙知）を再構成することによって科学的知識（形式知）を創造するという学びの追究である。（田中耕治・鶴田清司・橋本美保・藤村宣之『新しい時代の教育方法』二〇一二年、有斐閣、第七章を参照）

まずは、教育目標や教科内容についての見取り図を作った上で、子どもたちの学びの履歴・経験をふまえて学習指導にあたることが必要である。教師がこうした見取り図（山元氏の言う「網の目」）を持っていることによって、子どもたちの学びの姿が捉えやすくなるとともに、個に応じた支援のあり方も見えてくる。それなしでは、地図も道標もない登山と同じで、道に迷って脱出できなくなるだろう。

もちろん、教科内容の系統性に従って基礎的・基本的な知識・技能をきちんと学ぶ場も、教材の特質に応じた形で年間指導計画として設定しておく必要がある。「作者と話者の区別→主観視点と客観視点の区別→一人称視点と三人称視点の区別…」という順次性・段階性である。

4 授業事例に見る統合の姿

柳田良雄氏は、科学的「読み」の授業研究会（読み研）と文芸教育研究協議会（文芸研）との合同研究会（二〇〇四年）において、「ごんぎつね」の展開部の形象よみの「線引き」と読みの技術（他の表現との差異を読むなど）を提案した。実際の授業記録を見ると、スキルを頭ごなしに教えるという指導ではなく、子どもが「色」の形象に着目した発言（ぼろぼろの黒い着物は寂しそうな感じがする）をした瞬間にその価値を見取って、読みの方法として自覚させていくというボトムアップ的な指導を随所で行っている。色彩語の分析は、私の系統試案でも中学年からの課題となっている。それを見取りの観点として指導に生かしていくのである。

また私の実践では、「『お手紙』の主人公は誰か」という課題をめぐって、予め教えておいた主人公の定義を作品にあてはめるというやり方ではなく、子どもたちがそれぞれの学びの履歴、多様な根拠・理由に基づいて自分の考えを発表し合うことによって、主人公についての知識が創造されるという学びのダイナミズムが生まれている。①最初と最後に登場する人物、②心が大きく変化する人物、③読者が同化できる人物、④登場回数が最も多い人物、⑤積極的に行動した人物、⑥事件を解決した人物、⑦全ての場面に登場する人物、⑧主題を体現した人物、⑨題名になっている人物…といった具合である。（拙稿「柔軟な活用力を育てる—読みの技術をどう学ぶか」『教育科学国語教育』二〇一三年一月号、明治図書）

いずれも事前に教科内容は設定しつつも、それをトップダウン的に教え込むのではなく、子どもたちの学びの文脈に身を置いて、そこで生じた子どもの学びの事実（価値のある知識・技能）を見取り、教室全体の学びにつなげ、広げていくという構造である。

国語科の教科内容はある程度の系統性を持ちつつも、子どもたちの学びの履歴・経験をふまえて再構築ないし脱構築される可能性がある。

『国語授業における「対話」学習の開発』(花田修一 編著)

田近洵一(東京学芸大学名誉教授)

この一〇年ほども前から対話ブームの時代ということが言われるようになってきた。その実、「対話」「対話力」という術語を書名に入れた書籍が、一般書から教育書まで数多く刊行されてきている。その中でも、教育を視野に入れたものとしては、多田孝志氏の『対話力を育てる』(教育出版)や『共に創る対話力』(教育出版)、村松賢一氏の『対話能力を育む話すこと・聞くことの学習――理論と実践』(明治図書)は、専門の研究者によって実践上の大事な視点を提示されたものとして参考になる。しかしここでは、花田修一編著『国語授業における「対話」学習の開発』を取り上げておきたい。

編著者の花田修一氏(日本教育大学院大学教授)は、お茶の水女子大学附属中学校に在職中の一九九六年、村松賢一氏らと「お茶の水音声言語研究会」を立ち上げ、「相互交流」をキーワードとして月例学習会を続けてこられた。本書は、その学習会の会員の研究成果を中心にまとめたもので、村松賢一・花田修一・内田伸子・黒石憲洋による理論的提言を第1部とし、第2部に「対話」学習に関する実践事例(中学校)を収載している。

第1部の理論編の四本の論文は、いずれも短いながらも趣旨鮮明で、さすが学会をリードする方々によるものと思われ、教育実践上の基本を端的に示してくれている。特に、村松氏は、「自己内対話(内言)」の力の土台を作るものが、「他者との対話(外言)経験」だとし、「対話」学習には「対話」を学ぶ場合と「対話」で学ぶ場合との二つがあることを明らかにしている。また、花田氏は、「対話」学習のカリキュラムの開発について提言している。カリキュラムの開発は、「対話」学習ではこれまであまり論議の対象にはならなかったが、それが重要なことは言うまでもない。花田氏の「活用型学力」を育てる「対話」学習のカリキュラムと、「対話」学習の場の創出とに関する提言は、特に重要だと思われる。

なお、本書で重要なのは、以上の理論編に続く実践編に収載されている「対話」学習を中心とした、あるいはそれを組み込んだ単元学習の実践事例である。単元学習として「対話」学習をどう組織したか、また「読む」「書く」の学習を中心とする単元に「対話」学習をどう組み込んだかが、実際の授業を通して示されており、実践の参考になるだけではなく、研究の材料としても貴重な資料となっている。

(三省堂、二〇一三年、一九〇〇円+税)

『「語り論」がひらく文学の授業』（中村龍一 著）

足立悦男（放送大学）

文学教育をめぐって、日本文学協会を中心に、その教科内容を問い直す試みが始まっています。この著作は、その最新の実践研究の一冊です。

本書の目次を紹介しておきます。各章のテーマと、取り上げられている教材は以下の通りです。

一章〜三章は、それぞれの教材のテクスト論として、たいへんすぐれています。先行論文を批判的に分析し、著者独自の「語り論」による、新たな教材論を提示しているからです。

第四章・終章は、著者の詩の授業を巡って交わされた、鶴田清司との論争です。文学教材の教科内容・指導事項とは何か、言語技術教育とは何か、を論点とした興味深い論争です。

皆さんも、この論争に参加してみませんか。テキストは次の詩です。拙著『現代少年詩論』（明治図書、一九八三）で取り上げてから、小・中・高校で実践が始まった教材です。

ライオン　工藤直子

雲を見ながら　ライオンが
女房にいった
そろそろ　めしにしようか
ライオンと女房は
連れだってでかけ
しみじみと縞《しま》馬を喰べた

（ひつじ書房、二〇一二年、二四〇〇円＋税）

『「他者」を発見する国語の授業』（髙木まさき　著）

三浦登志一（山形大学）

学校研究のテーマとして、「かかわり」や「対話」を取り上げる学校が増えている。これは、日々子どもたちと接している教師が、子どもたちの人とのかかわりや対話の在り方に何かしらの不足を感じていることの現れである。本書はそうした状況をいち早く捉え、「国語の学習をする中で、異質なものをどこに見出し、それとどう『対話』し、そこに如何なる価値を見出すかという問題意識」に立って書かれている。

本書の魅力は、国語教育に関するいわば〝ハウツー〟的なものを超えた世界を提示している点にある。どのように他者を発見させるかを考えるだけでなく、なぜ他者が発見されなければならないかについて、考察しており、また一九七〇年代以降の子どもたちが置かれている状況について、文献を基に丁寧に整理している。例えば、関わりの希薄化は、「やさしさの変容」に見出される。他の人との深い関わりを前提としていた「やさしさ」が、今は人との関わりを回避することに変わっているという。また、一九九〇年代に起きた子どもによる衝撃的な犯罪の背景には、子どもたちが「他者とコミュニケートする能力も術も失った」現実があると指摘している。

「他者」は、論理を育てる上で不可欠の視点である。「論理的」であることが求められるのは、相手を納得させる必要があるからである。相手を想定したり、現実の相手を位置付けたりするなど、「他者」という視点を設けることで、論理性を高めていくことができる。「論理は根底において対話的である」という言葉を、しっかりと受け止める必要がある。また、「対話的関係」の重要性を認識しながらも、それが「伝え合う」技術の訓練にとどまる危険性についても言及している。グループ学習など対話の要素を取り入れた学習活動を行っても、そこに互いの発見がなければ、「異質な価値がバラバラに存在することを許容する」だけである。それは、「孤立した子どもたちの単声化した言葉が教室をおおうだけ」になるという指摘も鋭い。

本書が指摘している「他者との関わりの希薄化」という状況は、何らかの対応策を講じなければ、促進されることはあっても改善に向かう可能性は低い。国語教育に「他者」という視点を明確に位置付けること、「他者」という視点からの見直しを契機として、新たなものの創造に向けた動きを教室に生み出していくことが求められている。

（大修館書店、二〇〇一年、二〇〇〇円＋税）

『人を育てることばの力―国語科総合単元学習』（遠藤瑛子 著）

藤原　顕（福山市立大学）

本書は、遠藤瑛子氏（元神戸大学附属住吉中学校）による「国語科総合単元学習」の実践記録である。「単元学習」と言うと、子どもの興味・関心に基づく言語活動の重視ゆえに、教科内容や指導事項の学習という観点が相対的に後退しがちと捉えられるかもしれない。しかし、遠藤氏らが附属中で取り組んできた「国語科総合単元学習」は、本書でも議論されている「単元を貫く言語活動」と同様、単元全体でねらわれる「言語能力」を明確化し、単元の展開部でその形成（習得）、発展部で表現に開きつつその活用を目指す。

一例を挙げてみよう。遠藤氏は、メディア・リテラシーをテーマとした単元「現代を読む」の実践において、生徒にいろんな広告の検討を促しつつ、その構成の在り方やその評価に関する観点を明確化させる授業を試みている。単元の発展部で、生徒はそうした観点を意識しながら、次年度入学してくる新入生を想定して学校案内の広告づくりを行い、相互批評に取り組んでいる。その際、遠藤氏は「この単元で育てたい言語能力」として、たとえば「根拠」に基づいた「説得」のための話し方、「自分の意見の根拠になる表現を的確に」引用する書き方、「筆者の思考や論理関係」に即した「要旨」の読み取り方といった事項を設定している。

こうした指導事項としての「言語能力」は、本書巻末にある「言語能力一覧表」において、どの学年でどういう「能力」を育成するかが体系的・系統的に示されている。ただし、この「一覧表」は、先験的にのみ構想されたものではなく、附属中の「国語科総合単元学習」実践の蓄積を通して、徐々に創り出され検証されてきたものである。

この点に、本書が持つ意義を見出せる。国語科は、読む・書く・話す・聞くという言語活動をよりよく遂行できる能力の育成を目指す。そうした活動の遂行に関わった教科内容や指導事項は、一面では文章論や文学理論等の学問的知見を参考にトップダウンで設定できよう。しかしそれだけではなく、授業に位置付ける言語活動そのものに即しても考えられる必要がある。つまり、子どもが取り組む言語活動の計画やその結果の中で、ボトムアップに明確化されていく面もあろう。こうしたトップダウンとボトムアップという内容・事項の構想の在り方をどう繋いでいくのか、その実態を本書は示してくれる。

（溪水社、二〇〇三年、二八〇〇円＋税）

『国際バカロレア　世界トップ教育への切符』（田口雅子 著）

岩崎　成寿（京都府・立命館宇治中学校・高等学校）

文部科学省は、二〇一三年六月の閣議決定に基づき、国際バカロレア（略称・ＩＢ）の認定校を二〇一八年までに全国二〇〇校に増加させる取り組みを進めている。なぜかというと、ＩＢが「課題発見・解決能力や論理的思考力、コミュニケーション能力等重要能力・スキルの確実な修得に資する」（文部科学省）からである。

筆者の勤務校が二〇〇九年にＩＢ認定を受けたこともあり、読み研『研究紀要十二』（二〇〇九年）に、ＩＢの「文学」教育の優位性と課題について寄稿したことがある。その際、主な参考文献として参照したのが本書である。

本書は、当時まだ教育界に知られていなかったＩＢについて、日本語科目である「文学」を例に、教育理念、教科内容、授業方法、評価法、授業記録に至るまで、詳細に紹介している。

特に、日本の国語教育との際立った相違点が明確になるのは、テスト問題を見たときである。ＩＢ「文学」のテストでは、次のような設問を二時間かけて論述する。

授業で学習した二つ以上の作品から例をあげて、作品中の「語り手」の役割を比較しなさい。語り手の意見や考え方は、作品の中でどのような効果を上げていますか。また、読者に与える影響についても言及しなさい。（六頁）

まさに「答えのない設問」である。では、これをどのように評価するのか。

Ａ　作品についての知識と理解
Ｂ　設問に対する答え方
Ｃ　文学的特徴に関する鑑賞力
Ｄ　プレゼンテーション、論の述べ方
Ｅ　エッセイの書き方（六七頁）

以上の五項目を六段階で評価するのである。これらの評価基準は、事前に生徒に提示され、生徒はどういう項目を、どのレベルで書けば高評価を得られるのかを常に意識しながら論述する訓練を日常的に受けるのである。

今後、公立高校を含め、ＩＢ導入校が増えていくことは確実である。これを機に、日本の国語教育が「記号選択」「穴埋め」のテスト対策の拘束から解き放たれ、日本語の分析力・表現力・批評力の養成をめざす方向に転換することを期待したい。

（松柏社、二〇〇七年、一九〇〇円＋税）

Ⅵ　連載・教材研究のポイント［第一回］

「大造じいさんとガン」の教材研究――ここがポイント

加藤郁夫（京都府・立命館宇治中学校・高等学校）

1　構成・構造を読む

前書きをもつ敬体版を教材とする。前書き部分と、「1」～「4」の五つの部分から構成されている

前書き　導入部
「1」　展開部1
「2」　展開部2
「3」　山場の部
「4」　終結部

前書きには「ガンがりの話」とあるだけで、どのような狩りの話かは示されていない。「1」で「残雪は～やって来ました」と残雪が登場し、大造の残雪に対する戦いが始まる。

「今年も、残雪は、ガンの群れを率いて、ぬま地に

構造表

事件（発端～結末）

○冒頭　知り合いのかりゅうどにさそわれて、…
○発端　今年も、残雪は、ガンの群れを率いて…
○山場の始まり　今年もまた、ぼつぼつ……
◎最高潮　大造じいさんは……ただの鳥に対しているような気がしませんでした。
○結末　……しているような気がしませんでした。
○終わり　……いつまでも、見守っていました。

やって来ました。」というはじまりは、以前に大造じいさんが残雪と出会っていることを示す。この時点で、大造じいさんは残雪を待ち構えており、残雪の訪れは大造じいさんの戦いが始まることを示している。

最高潮は、大きく二か所に分かれると予想される。一つは、大造じいさんが残雪に向かって銃を構えねらいをつける「大造じいさんは、ぐっとじゅうをかたに当て、残雪をねらいました。」のあたりである。大造じいさんが残雪をたおすのかと見える箇所である。その後にある「残雪の目には、人間もハヤブサもありませんでした〜」の残雪とハヤブサの戦いのところが挙げられる可能性もある。これらの箇所は、緊張感が高く、はらはらドキドキする箇所といえる。しかし、その一方でどうなったのかという結果は、まだ明らかになっていない。大造は銃を構えたが、その銃を下ろしてしまう。その時点では大造の戦いがどうなったのかはわからないままである。残雪とハヤブサの戦いは確かに緊張感はあるが、その戦いの決着も示されていないし、ここには大造という主人物の存在が欠落している。これらの点でクライマックスとはいえない。

二つ目は、「大造じいさんは、強く心を打たれて、ただの鳥に対しているような気がしませんでした。」のあたりである。この話は「大造じいさんと残雪の戦い」を中心に展開している。そしてそれは、最後まで大造じいさんの一方的な戦いであるという点にポイントがある。大造じいさんは残雪と戦っているが、残雪の側に大造じいさんと戦っている意識はない。

「1」では、「なかなかりこうなやつで」「たかが鳥のことだ」「あの小さい頭の中に、たいしたちえをもっているものだな」と残雪を大造じいさんがどのように見ているかが示される。しかし、残雪が大造をどう見ているかは示されていない。「2」でも同様である。残雪に「目にものを見せてくれるぞ」と思っている大造じいさんの思いが語られ、それが失敗して「ううんとうなる大造じいさんが描かれる。ここでも残雪が大造を意識している表現はどこにも見られない。一方、大造じいさんの残雪に対する評価は、しだいに上がっていく。「3」では、大造は「あの残雪めにひとあわふかせてやるぞ」と思っておとり作戦を考えるのである。このように見てくるならば、この作品が描こうとしているのは「大造じいさんと残雪の戦い」ではない。

両者は、はじめから対等には描かれていない。「1」「2」では、一見、「大造じいさんと残雪の戦い」であるかのように話は展開していく。確かに、大造じいさんは残雪を捕まえるが、それは大造じいさんの作戦が成功してのものではない。大造じいさんは残雪（がん）を獲ることができるかという展開をみせながら、「1」～「3」で描かれるのは、大造じいさんの残雪に対する見方の変化なのである。「大造じいさんは、強く心を打たれて、ただの鳥に対しているような気がしませんでした。」この箇所において、大造じいさんの残雪に対する見方が決定的に変わるのである。

2　語りの視点をよむ

「2」には、残雪の心情を描いているようにみえる次の箇所がある。

> ところが、残雪は、油断なく地上を見下ろしながら、群れを率いてやって来ました。そして、ふと、いつものえさ場に、昨日までなかった小さな小屋をみとめました。「様子の変わった所には、近づかぬがよいぞ。」彼の本能はそう感じたらしいのです。

右の箇所は残雪の内面（心情）を描いているかのように見える。しかし、「彼の本能はそう感じたらしい」と「らしい」を用いており、残雪の内面を大造じいさんが推測したことが語られているのである。

また「3」には次のような箇所がある。

> 残雪の目には、人間もハヤブサもありませんでした。ただ、救わねばならぬ仲間のすがたがあるだけでした。

ここだけを読むならば、残雪の内面（心情）を述べているように見える。しかし、ここを残雪の内面と読むと、その前の「大造じいさんは、～なんと思ったか、再びじゅうを下ろしてしまいました。」という箇所との整合性がつかなくなる。「なんと思ったのか」とあるように、大造じいさんの心情は説明されていない。しかしその後に、「残雪の目には、人間もハヤブサもありませんでした。ただ、救わねばならぬ仲間のすがたがあるだけでした。」と続くことで、大造じいさんの目に残雪の行動がそのように見えたことがわかるのである。だからこそ、大造は残雪を撃つことができないのである。つまり、この箇所は残雪の内面（心情）

を説明しているのではなく、大造の目に映った残雪の姿を描くことで、大造の心情を読者に想像させているのである。

この箇所を残雪の内面（心情）を述べたものと読むと、残雪の行動を大造じいさんがどのように思ったのかがわからなくなり、「なんと思ったか」の意味はわからないままになってしまう。

語り手は大造じいさんに寄り添って語っている。一部の箇所（残雪の内面を描いているかのように見える所）だけを残雪の内面と読んでしまうことは、逆に大造じいさんの内面を見えないものにしてしまうのである。

3　形象を読む

【導入部】

《時》

「今から三十五、六年も前」「まだ栗野岳のふもとのぬま地に、ガンがさかんに来たころ」「ガンがりの話」

① 作品が最初に発表された一九四一年から考えると、一九〇〇年代初めころになる。

② ①を知らなくても、かなり昔のことだとわかる。

③「今」は、栗野岳の沼地にガンがやってくることはない。

（補足）ガンは、明治以降狩猟が盛んに行われ、その数が激減していった。一九七一年に天然記念物に指定され、保護されて今に至っている。

《場》

「栗野岳」

① 鹿児島県北部、湧水町にある火山。複数の火山が複合した山塊で、霧島山の西端部を構成する。

② 鹿児島県の中でも、かなり山の中に入った場所。

③ 具体的な地名が示されることで、リアリティが出る。

《人物》

「大造じいさん」「七十二さい」「こしひとつ曲がっていない、元気な老かりゅうど」

① 残雪の話の頃は、三十代半ばの年齢となる。

＊前書きがあることで、大造を「じいさん」と考えるのか「壮年」と読むのか、ゆれが生じる。「わたしは、その折の話を土台として、この物語を書いてみました」とあり、大造じいさんが語ったものを土台に「わたし」が物語るのである。したがって、そこに登場する狩人が、現在

のじいさんの姿をとっていても、差し支えないともいえる。「大造じいさんとガン」という題名、「1」以降の呼称も「じいさん」であることから、私（加藤）は老年に入ったベテランの狩人と考える。

②「かりゅうど」は、鳥獣をとることを職業とする人。ハンターとは異なる。大造じいさんにとって、狩りは生活のためのものであり、趣味や遊びでない。

③「かりゅうど」は、季節に応じてさまざまな鳥獣を獲っている。ここでも「イノシシがり」が紹介されており、「ガンがり」が生活のすべてではない。

《事件設定》

わたしは、その折の話を土台として、この物語を書いてみました。

①「この物語」は大造じいさんの話を、「わたし」が語り直したもの。

②したがって、「わたし」の創作した箇所やアレンジを加えた箇所が存在する。

③語り手である「わたし」は、プロの猟師ではない。猟や雁のことを十分わかっていないかもしれない。

＊本文に出てくるガンはタニシを食べるように描かれるが、ガンの食性は植物食で、草の葉、茎、地下茎、種子、果実等を食べるという。

「大きな丸太が……すがすがしい木のにおいのするけむりの立ちこめている、山家のろばた」

①炉端で語られる昔話のような語りである。

②話を聞いて楽しむもの。気楽に、楽しむもので、聞き手に問題を投げかけたりするような話ではない。

③語りかける調子が強く出る。このような設定には、敬体がふさわしい。

【展開部】

今年も、残雪は、ガンの群れを率いて、ぬま地にやって来ました。

①去年までに、残雪との間に何らかの出来事があったことが予想される。

②語り手は、その場に身をおいて（大造じいさんの視点に立って）「今」のこととして語っている。

そこで、残雪がやって来たと知ると、大造じいさんは、今年こそはと、かねて考えておいた特別な方法に取りかかりました。

①大造じいさんの取り組み方が今までと違う。
②ガンがりの方法としては、特別なものであり、普通はしない方法ということになる。それが後出の「ウナギつりばり」作戦である。仕掛けを作るにも仕掛けるにもかなり手間と時間がかかる。
③大造じいさんの残雪に対する対抗意識は、それだけ強いといえる。

「ううむ。」／大造じいさんは、思わず感嘆の声をもらしてしまいました。

①「今年こそは」と考えていた作戦が、結果的に一羽獲っただけであっけなく失敗した。
②昨日は一羽獲れたから今日はもっと獲れるだろうと自信を持っていただけに、大造じいさんのショックは前の年よりもずっと大きい。
③大造じいさんは、残雪のことを「たかが鳥」と見ていたが、その甘さが今回の失敗につながった。
④「感嘆の声」から、残雪への評価がぐんと上がっていることがわかる。
⑤相手のすごさを素直に認める潔さが大造じいさんにはある。

大造じいさんは、夏のうちから心がけて、タニシを五俵ばかり集めておきました。

①今度は、夏のうちから備えて準備をしていた。
②去年よりも準備に時間と手間をかけており、いっそう力が入っていることがわかる。

そこで、夜の間に、えさ場より少しはなれた所に小さな小屋を作って、その中にもぐりこみました。

①夏の間からタニシを集めておきながら、なぜ直前になって小屋を作るのか。小屋も夏の間から作っておけばよかったのではないか。
②小屋くらいあってもなくても大したことではないと、大造じいさんは考えていた。→残雪をまだどこかで見くびるところがあった。
③結果的に、このことが手抜かりとなって、この作戦は失敗する。

大造じいさんは、広いぬま地の向こうをじっと見つめたまま、「ううん。」と、うなってしまいました。

①またしても、残雪に対する作戦は失敗に終わった。
②「今年こそは」と考え、夏の間から準備をして臨んだにもかかわらず、二年続けて失敗した。

③ 残雪は、小さな小屋ができたという変化も見逃さなかった。小さなミスも見逃さない注意力・判断力は驚くべきものといえる。頭領としての残雪のすごさに大造じいさんはうなってしまったのである。

【山場の部】

今年もまた、ぼつぼつ、例のぬま地にガンの来る季節になりました。

① 「今年も」「その翌年も」と語ってきたにもかかわらず、再び「今年もまた」となっている。語り方に一貫性がないとも言える

② 再び「今年も」とすることで、これまでの年とは異なることがあることが予感される。

「さあ、今日こそ、あの残雪めにひとあわふかせてやるぞ。」

① 「残雪め」→ここで、大造じいさんの思いは、残雪に向けて発せられている。→それだけ大造じいさんの気持ちの中で、残雪の占める比重が大きくなっていることがわかる。

② 「ひとあわふかせてやる」…自分と同等もしくはそれ以上の力をもった相手に対して使われる表現。残雪は大造じいさんの中で、対等（もしくはそれに近いくらい）の存在になっている。もはや残雪を見くびる気持ちはない。

③ これまでの借りを返すという気持ちになっている。

大造じいさんは、ぐっとじゅうをかたに当て、残雪をねらいました。が、なんと思ったか、再びじゅうを下ろしてしまいました。

① 残雪がはじめて大造じいさんの銃の弾の届く距離（射程圏内）に入ってきた。

② 残雪を撃つ絶好のチャンスであるのに、そのチャンスを、大造じいさんは自ら逃してしまう。

③ 読者に「あれ？」と思わせ、気になって先を読みたくさせる仕掛けにもなっている。

残雪の目には、人間もハヤブサもありませんでした。ただ、救わねばならぬ仲間のすがたがあるだけでした。

① 残雪自身は、ハヤブサから無事に逃げることができたはずだし、また頭領として仲間を無事に逃がすこともできている。にもかかわらず、自分の身も顧みずに、仲間（それも大造じいさんの囮の

雁）を救おうとして引き返してきた。
② 人間でも、これだけのことができるものは、そうそうはいない。
③ ①②のように大造じいさんは考え、残雪に向けた銃をおろしたとわかる。

それは、鳥とはいえ、いかにも頭領らしい、堂々たる態度のようでありました。

① 去年までの戦いで、大造じいさんは残雪を自分と対等の存在と見るほどになっていた。そしてハヤブサの事件で、残雪は我が身の危険を顧みずに仲間を救おうとする行動を見せた。さらに、ここでは「堂々たる態度」を示す残雪を目の当たりにする。ここで注意しておかなくてはならないのは、大造じいさんがこのように感じているのであって、事実がそのとおりであったかどうかではない。
② 頭領としての優秀さだけでなく、残雪自身の態度に感心している。

（最高潮）大造じいさんは、強く心を打たれて、ただの鳥に対しているような気がしませんでした。

① 大造じいさんの残雪への見方が大きく変わった。
② 残雪の存在に対して、感動すら覚えている。
③ これまでの「賢さ」に加えて、我が身を捨ててまで仲間を助ける勇気やリーダーとしての資質、さらには最後まで威厳を失わない態度、そのような残雪の存在が大造じいさんを感動させている。
④ 鳥とはいえ、人間以上にすごい存在に見えている。それは以下の三点にまとめられる。一つは、頭領としての優秀さ（一度かかった罠には二度とかからない、ちょっとした変化・異常も見逃さない注意力や判断力）。二つ目は、自らの危険も顧みず、仲間を救おうとする勇敢さ。三つ目は、最後まで堂々として、威厳を失わない態度である。
⑤ 狩人としての大造じいさんが、これまで出会ったことのない存在として、残雪はいま目の前にいる。初めて体験する驚きであり、感動である。
⑥ これまでは、残雪の群れのガンを獲ること、あるいは残雪をやっつけることを大造じいさんは目標にしてきた。しかし、ここには残雪を捕まえるうれしさはなく、残雪の存在に感動している大造じいさんがいる。

⑦残雪のすごさやえらさを素直に認め、感動する大造じいさんの人柄の真っ直ぐさも読みとれる。

【終結部】

残雪は、大造じいさんのおりの中で、一冬をこしました。

①大造じいさんは、捕まえた残雪を殺さなかった。

②前に捕まえたガンは鳥小屋に入れていたが、残雪はおりに入れている。残雪は、別扱いにしている。

③残雪を大切に扱おうという様子がうかがえる。

「おうい、ガンの英雄よ。おまえみたいなえらぶつを、おれは、ひきょうなやり方でやっつけたかあないぞ。……おれたちは、また堂々と戦おうじゃあないか。」

①残雪を「ガンの英雄」「えらぶつ」と呼んでいる。残雪は、大造じいさんにとって、リスペクトの対象となっている。大造じいさんの残雪に対する見方が大きく変わったことが再確認できる。

②「おれたちは、また堂々と戦おう〜」から残雪を、自分と対等の存在・ライバルと見ていることがわかる。相手の存在がすごければすごいほど、大造じいさんにとってもやりがいのある戦いとなる。

③大造じいさんにとっての戦いと残雪にとっての戦いは意味が異なる。狩りで獲物をとるのは、生活のためであるが、戦いに負けても命を取られる心配はない。残雪にとっては、自分たちの生死に関わること。しかしそのことへの大造じいさんの理解はない。その意味では、大造じいさんの思い込みの強い戦いといえる。

主題（テーマ）
人間を上回るほどの知力・勇気・威厳をもつガンに対する、一人の狩人の驚きや感動。

4　吟味よみ——前書きの有無を吟味・評価する

この作品は、教科書によって前書きのあるものとないものとがあり、さらに敬体で書かれたものと常体で書かれたものとがある。ここでは、前書きの有無に焦点を当てた吟味よみを提案する。前書きの有無による違いを以下に五点にまとめた。このような読みをもとに、どちらがよいかを子どもたちに考えさせていく。

①**「語り手」をはっきりと示す**

前書きがあることで、「わたし」という語り手が読者の前に顕在化する。「わたし」は、作者（椋鳩十）を思わせるような人物といえる。猟に興味・関心を持っており、狩りの話が好きな人物である。前書きがないと、どのような語り手なのか、どのような立場で語っているのかは、はっきりしない。

②物語の「時」を明示する

かなり昔の話であることが、前書きからわかる。読者も、「今」の話ではないことをわかって物語を読み進めることができる。前書き以外には、いつの時代という「時」を明示する箇所はない。「現在では、がんをとることは法律で禁じられています。」（教育出版）といった記述や、椋鳩十の生没年からある程度昔の話であることは、推測される。しかし、物語そのものから明確な「時」を読み取ることができない。それだけ読者のイメージを弱めることになる。話自体は「ガンがり」が行われていたという時の制約をもつが、特にいつと限定する表現はない。

③大造じいさんの年齢設定を曖昧にする

「じいさんは、七十二さい」と「今から三十五、六年も前」からすれば、三〇代の壮年ということになる。ただ、本文中でも「大造じいさん」という言葉を用い、題名も「大造じいさんとガン」となっている。三〇代という設定は、本文からは読みとりにくい。前書きがあることで、人物の年齢設定に混乱が起きやすくなる。

④場の設定が明確になる

前書きで栗野岳という場が明示される。固有名詞が示されることで、一般的にはより一層リアリティを増す効果があるといえる。逆に、場所が「栗野岳」に限定されないと、日本全国どこでもあてはまるという一般性を持つことができる。

⑤ゆっくりと話に入っていくことができる

導入部があることで、話の世界に読者はゆっくりと入ることができる。時や場や人物をある程度頭に入れてから、物語の世界に入っていくことができる。前書きがないと、一気に話の世界に入っていくことになり、唐突である。話の展開の中で、設定をおさえていかなくてはならない。逆の見方をすれば、前書きがないことで、一気に話の世界（残雪との戦いの話）に入って行くことができる。スピーディな展開ともいえる。

【編集委員紹介】

阿部　昇（あべ　のぼる）〔編集委員長〕

秋田大学教育文化学部教授。

科学的「読み」の授業研究会代表、日本教育方法学会常任理事、全国大学国語教育学会理事、日本NIE学会理事。

〈主要著書〉『文章吟味力を鍛える――教科書・メディア・総合の吟味』明治図書出版、『授業づくりのための「説明的文章教材」の徹底批判』明治図書出版、『徹底入門・力をつける「読み」の授業』学事出版、『頭がいい子の生活習慣―なぜ秋田の学力は全国トップなのか』ソフトバンク・クリエイティブ、他。

加藤　郁夫（かとう　いくお）

立命館宇治中学校・高等学校教諭。

科学的「読み」の授業研究会事務局長。

〈主要著書〉『教材研究の定説化「舞姫」の読み方指導』明治図書出版、『科学的な「読み」の 授業入門』［共著］東洋館出版社、『日本語の力を鍛える「古典」の授業』明治図書出版 、他。

永橋　和行（ながはし　かずゆき）

立命館小学校教諭。

科学的「読み」の授業研究会事務局次長。

〈主要著書〉『教材研究の定説化「おこりじぞう」の読み方指導』明治図書出版、『教材研究の定説化「お母さんの木」の読み方指導』［共著］明治図書出版、『総合的学習の基礎づくり３「学び方を学ぶ」小学校高学年編』［共著］明治図書出版、他。

柴田　義松（しばた　よしまつ）

東京大学名誉教授。

総合人間学会副会長、日本教育方法学会常任理事。

日本教育方法学会代表理事、日本カリキュラム学会代表理事などを歴任。

〈主要著書〉『21世紀を拓く教授学』明治図書出版、『「読書算」はなぜ基礎学力か』明治図書出版、『学び方の基礎・基本と総合的学習』明治図書出版、『ヴィゴツキー入門』子どもの未来社、他。

国語授業の改革14
授業で子どもに必ず身につけさせたい「国語の力」
――教科内容・指導事項の再構築と「言語活動」を生かした楽しい授業

2014年８月20日　第１版第１刷発行

科学的「読み」の授業研究会［編］
（編集委員：阿部昇／加藤郁夫／永橋和行／柴田義松）

発行者　田　中　千津子
発行所　株式会社　学　文　社
〒153-0064　東京都目黒区下目黒３-６-１
電　話　03（3715）1501㈹
ＦＡＸ　03（3715）2012
振　替　00130-9-98842
http://www.gakubunsha.com

印刷所　メディカ・ピーシー
乱丁・落丁の場合は本社でお取替します
定価はカバー，売上カードに表示

ISBN 978-4-7620-2472-6